위드 코로나 시대
마케팅 포인트 40

위드 코로나 시대
마케팅 포인트

アフターコロナのマーケティング戦略
最重要ポイント40

"주목해야 할 것은
시대의 변화가 아니라
고객의 변화다"

아다치 히카루·니시구치 가즈키 지음
(주)애드리치 마케팅전략연구소 옮김

발간사

위드 코로나(with corona).

코로나19 팬데믹이 장기화되자 우리는 이제 생경한 신조어와 함께 낯선 듯 낯설지 않게 된 일상을 익숙함으로 받아들여야 하는 시점에 이르렀습니다.

지난 2년간 사람들은 은둔 생활로 내몰리고 국가들은 왕래를 금지하고 문을 굳게 닫은 쇄국 정책을 취할 수밖에 없었으며 기업은 미래 계획과 전략을 어떻게 세워야 할지 막막하기만 했습니다.

물리적 이동이 불가능해진 세상은 언뜻 시간이 멈춘 듯 보이지만, 그 안에서는 대변혁이라고 불릴 만큼 빠른 변화의 물결이 우리 사회와 개인의 일상을 새로운 현실로 몰아가고 있습니다. 하지만 누구도 경험해 보지 못한 세상이기에, 어느 누가 그 세상의 양상을 정확히 가늠해 낼 수 있을까요?

(주)애드리치는 올해 창립 16주년을 맞이했습니다. 그동안 우리는 식품을 비롯하여 금융, 제약, 가전, 뷰티 등 다양한 산업의 클라이언트를 모시며 종합광고회사로서의 입지를 단단히 해왔습니다. 그리고 창립 이래 지금까지 '제품이 잘 팔리는 광고를 만든다'는 목표로 늘 소비

자 트렌드의 변화를 살펴보고 그 변화에 따른 커뮤니케이션 전략을 제안해왔습니다.

하지만 코로나19가 몰고 온 변화는 그 속도가 매우 빠르고 소비자의 행동 패턴을 비롯한 매체환경을 급격히 바꾸어가고 있습니다. 특히 변화를 대표하는 디지털 트랜스포메이션은 단순한 기술 혁신이 아닌 기업 경영 전반에서 광범위한 변화를 일으키고 있으며, 우리도 종합광고회사로서의 성장 잠재력과 비즈니스 모델에 대해 제고하지 않을 수 없게 되었습니다.

그런 가운데 마주한 이 책은 정신없이 떠밀리는 변화의 급물살 속에서 잠시 바닥을 딛고 현 상황을 살펴보고 이 변화가 어디에서 왔는지를 이해할 수 있게 해줍니다. 그리고 많은 변화들 가운데 어디를 눈여겨보아야 하는지를 가르쳐줍니다. 그것은 기업에 본질적으로 중요한 가치, 바로 소비자입니다.

그런 의미에서 이 책은 변화에 대응하는 방법론이라기보다 기업의 시선이 어디로 향해야 하는지 그 중심점을 상기시켜 줍니다. 예측 불가능한 미래를 무리하게 예측하면서 장기적인 전략을 도모할 것이 아니라 위드 코로나라고 하는 새로운 현실을 대면하는 소비자의 심리와 행동 변화를 관찰하고 그에 맞게 수시로 전략을 바꾸라고 권합니다. 불확실성의 시대일수록 지켜야 할 것과 바꿔야 할 것을 구분하는 것이 중요하기 때문입니다.

종합광고회사라는 비즈니스 모델이 중요한 것이 아니라 제품이 팔리는 광고를 만든다는 원칙을 지키는 것, 그것을 지금의 새로운 현실에 맞는 방법으로 실현해 가는 것이 중요하다는 의미일 것입니다.

위드 코로나 시대.

아무도 경험하지 못했기에 그 세상이 어떠할지 아무도 답을 말해
줄 수 없는 작금의 상황에서 지속 가능성에 대해 고민하는 많은 광고
인과 마케터, 그리고 기업인에게 이 책이 작은 힌트가 되어 우리 모두
가 새로운 세상에서 새로운 기회를 찾을 수 있게 되기를 소망합니다.

감사합니다.

(주)애드리치 대표이사 은명희

2020년 1월, 중국 우한에서 발생한 신형 코로나바이러스의 감염 확산으로 세계 여러 도시가 봉쇄되고 하루가 다르게 급변해 가는 긴박한 상황 속에서 우리는 어떤 심경으로 이 상황을 대했을까요? 이 글을 쓰고 있는 우리는 이런 질문의 단계를 거치면서 스스로의 심경 변화를 감지했습니다.

"대체 무슨 일이 일어난 거지?"
"앞으로 세상은 어떻게 될까?"
"나는 이제 무엇을 해야 하나?"

전에 없던 급격한 변화의 파도는 일상의 생활을 바꾸고 그에 따라 우리의 생각과 행동도 날마다 큰 파동을 그리며 요동하고 있습니다.

코로나19를 기점으로 소비 패턴이 크게 바뀌었다고 말합니다. 급변의 시기를 지나는 가운데 생각이 바뀌고 결과적으로 행동이 바뀌는 것은 어쩌면 당연한 귀결일지도 모르겠습니다.

그러나 돌이켜 보면 지금까지 우리는 코로나19와 관계없이 '현대는 변화가 급격하고 예상하지 못하는 시대'라는 말을 많이 들어왔습니다.

예를 들어 지금의 10대, 20대의 소비 행동을 보면 고급품이나 고가의 물건을 구입하기 전에 온라인 중고 시장에서 그 물건이 얼마에 팔리는지를 우선 확인한 다음 구입할지 말지를 결정합니다. 검색은 구글이 아니라 인스타그램이나 페이스북을 통하고, 유튜브를 볼 때는 1.5배속으로 보며, 자동차를 소유하는 것에 크게 관심이 없는 등 바로 윗세대만 하더라도 상상하기 어려운 소비 행동을 보여주고 있습니다.

세대 간의 차이뿐만 아니라 사람들 간의 가치관도 변화하고 있습니다.

이를테면 최소한의 물건만 소유하려는 미니멀 라이프, 비싸더라도 맛있는 음식을 먹으려는 식도락, 돈을 들여 다이어트를 하고, 돈을 들여 건강식품을 먹는 등 소비자의 심리와 행동이 이렇게 변화할 것이라고 누가 예측할 수 있었겠습니까?

중요한 것은 이런 변화가 코로나19 전부터 나타났다는 사실입니다.

대지진, 홍수 같은 자연재해나 국제 정세의 변화 등 예상 밖의 환경 변화는 매년 어디에선가 발생합니다. 마찬가지로 소비자의 심리나 행동도 매년 조금씩 변화하고 있습니다. 변화는 코로나19를 계기로 발생한 것이 아니라 코로나19로 변화의 속도가 가속화된 것입니다.

그런 의미에서 이 책의 주제와 연결되는 "코로나19 이후 마케팅이나 경영은 어떻게 바뀌는가?"라는 질문은 그 자체가 잘못된 것일지도 모르겠습니다.

우선 이 논점부터 살펴봅시다.

코로나19 이후에 마케팅이나 경영이
어떻게 바뀔 것인지를 생각하지 않으면 안 된다?

우리의 주장은 이렇습니다.

'변화는 코로나바이러스와 상관없이 항상 일어나고 있다. 따라서 코로나19 전과 후의 변화를 비교하는 것은 무의미하다. 문제는 오늘은 어제의 연장이며 내일은 오늘의 연장이라는 변화를 의식하지 않은 채 비즈니스를 하는 것이다. 코로나19를 계기로 무엇이 크게, 급속히 바뀌어가고 있는지를 관찰해야 한다. 고객의 심리, 행동의 변화를 실시간으로 모니터링하면서 지속적으로 전략 전환을 시도하는 것이 중요하다.'

왜 이런 주장을 하는지 이유를 설명하기에 앞서 코로나19 이전의 상황을 잠깐 확인하고 갑시다.

소비세가 10%로 인상되었던 2019년 10월부터 일본은 이미 소비 심리가 위축되고 구매 활동이 정체 기미를 보이고 있었습니다. 이에 기업들은 외국인 관광객이 증가할 것을 기대하면서 인바운드 수요를 전제로 예산이나 사업 계획을 세웠습니다. 2020년 도쿄올림픽까지 고려하면 이는 매우 자연스러운 현상이라고 할 수 있습니다. 그런데 이

보다 4~5년 전에만 해도 '인바운드는 일시적인 것이기 때문에 기대하면 안 된다', '내수 시장을 활성화하는 것이 답이다'는 논조가 주류였습니다. 그랬는데 불과 몇 년 지나지 않아 인바운드를 전제로 사업 계획을 세우는 것으로 바뀌게 된 것입니다.

그러던 중 코로나19 대유행으로 올림픽이 연기된 것은 물론이고 해외 왕래 자체가 멈춰버려 국가는 본의 아니게 '쇄국' 상태가 되었습니다. 인바운드 수요를 기대하기는 힘들어졌고 외출 자제, 집합 금지 등으로 내수 시장도 위축되어 기업은 또 다른 돌파구를 모색해야만 했습니다.

지금 우리가 지나고 있는 이 시기의 여러 가지 변화가 코로나19를 계기로 갑자기 발생한 듯이 보일 수 있지만, 이러한 변화는 실은 이전부터 조금씩 지속적으로 환경의 영향을 받으며 일어나고 있었고, 코로나19를 계기로 그 변화가 가속화되었을 뿐입니다.

예를 들어 오프라인 매장을 기반으로 하는 패션 기업들이 코로나19 이후 폐점하거나 도산하면서 엄청난 고전을 겪고 있는데, 사실 최근 10년 사이 젊은 사람들은 오프라인보다 온라인으로 옷을 구입하게 되었고, 얼마 전부터는 옷 자체를 별로 구입하지 않는 변화도 나타나고 있습니다. 이는 2000년대 이후 크게 성공한 스타트업 기업이나 IT 기업의 영향을 받아 캐주얼 복장으로 근무하는 기업이 많아졌고 이에 따라 의류비 지출이 감소했기 때문이기도 합니다.

또한 국토교통성이 5년마다 공표하고 있는 『도시인의 행동과 변화』의 데이터를 보면 1987년의 평일 외출률은 86.3%인데 2015년에는 80%로 줄어들었습니다. 하루 이동 횟수는 1987년에는 2.63회였던 것이, 2015년에는 2.17회로 시계열로 보면 일본인들은 외출이나 이동을 별로 하지 않게 되었습니다.

게다가 이번 코로나19를 계기로 사람들은 외출하지 않아도 생활이 가능하다는 사실을 알게 되었습니다. 배달 음식을 이용하고 가까운 동네 슈퍼에서 그날그날 필요한 것을 소량 구매하게 되었습니다. 사람들과의 커뮤니케이션은 화상 대화나 채팅을 이용하고, 직장에서의 회의도 온라인 회의 시스템을 이용하면 됩니다. 이는 얼마 전까지만 해도 히키코모리(은둔형 외톨이)라고 불리던 생활 방식이었건만, 기술이나 서비스의 진화를 토대로 외출이나 이동을 하지 않고 집안에만 있어도 나름 즐겁게 생활할 수 있는 환경이 조성된 것입니다.

이러한 '외출하지 않고도 생활이 가능'한 상황을 목격한 기업들은 코로나19로 인해 갑자기 이렇게 되었다고 생각할 수도 있습니다.

그러나 기존 데이터를 시계열로 꼼꼼히 들여다봤다면 외출이나 이동이 점점 줄어드는 현상을 발견했을 것이고 이 현상이 자사의 경영에 어떤 영향을 미치는지, 앞으로 비즈니스를 어떻게 해야 하는지, 자사 제품•·서비스를 지속적으로 구입하도록 하려면 어떻게 해야 하는지를 코로나19가 발생하기 훨씬 전부터 검토할 수 있었을 것입니다.

다시 말해 코로나19와 관계없이 고객의 변화는 항상 일어나며, 코로나19가 세계적 규모로 발생했기 때문에 이 거대한 변화가 갑자기 발생한 것처럼 보일 뿐입니다.

이를 증명하는 예를 두 가지 들어보겠습니다. 코로나19 시국에 미

• 본문에서 '제품'은 '서비스'를 포함하는 용어로 사용함.

국의 스타벅스는 사전에 모바일로 주문하고 매장에서 픽업하는 '사이렌 오더' 방식으로 변경할 것을 발표했는데, 사실 스타벅스는 이러한 주문 방식을 몇 년 전부터 테스트하고 있었습니다. 코로나19 때문에 갑자기 실행한 것이 아닙니다.

또한 맥도날드는 미국 전역에서 200여 개의 매장을 폐쇄한다고 발표했는데, 이는 맥도날드가 2017년에 발표한 다섯 가지 전략 중 네 번째와 다섯 번째를 실행한 것이지 갑작스러운 움직임이 아닙니다(네 번째는 '디지털', 다섯 번째는 '배달'). 맥도날드는 이트인(eat-in), 테이크아웃, 드라이브스루, 딜리버리 등의 방식을 망라하여 수익을 크게 향상시키려는 것일 뿐입니다.

코로나19가 시사하는 것은 서서히 진행되고 있는 변화가 어떤 특정 사건을 계기로 단번에 가속화할 가능성이 있다는 사실입니다. 기업 입장에서 보면 '앞으로 이렇게 될 것이다'고 하나의 예상 시나리오로 전략을 고정하는 것이 꽤 큰 위험이라고 할 수 있습니다. 그러면 어떻게 해야 할까요?

고객의 심리나 행동의 변화에 영향을 미치는 사회 변화를 늘 주시하고 그 변화에 대응하는 시나리오를 끊임없이 준비해 두는 수밖에 없습니다. 다수의 시나리오를 만들어두고 변화에 즉시 움직일 수 있도록 하는 것입니다.

그리고 하나의 사업이나 전달 방법에 집중할 것이 아니라 포트폴리오를 구성하여 다수의 대응책을 마련하고, 예측과 다른 방향으로 변화해도 유연하게 전환할 수 있도록 준비되어 있어야 합니다.

고객의 변화나 니즈를 실시간으로 모니터링하고 이에 맞춰 마케팅이나 경영의 노선을 바꾸는 유연성은 코로나19와 상관없이 어느 시대, 어떤 상황에서도 필요합니다.

P **논점 1의 포인트**

코로나19 이후 눈에 띄는 변화는 그 이전부터 계속 일어나고 있던 변화의 연장입니다. 중요한 것은 코로나19 전과 후를 비교해서 무엇이 달라졌나를 보기보다 작은 변화라도 어제까지의 연장선상에 없던 고객 심리와 행동의 변화를 빨리 읽어내고 그 변화에 대응하는 다양한 전략 시나리오를 검토하는 것입니다.

이 책의 스타일에 대해

이 책을 기획하게 된 출발점은 우리가 컨설팅이나 강연 등을 통해 기업 경영진, 마케터, 창업가들과 교류할 때 웬일인지 그들 모두가 같은 점을 고민하고 있거나 오해하고 있거나 또는 반드시 옳다고만 할 수 없는 선택을 하고 있다는 사실을 알게 되면서입니다.

어떤 관점으로 고객을 보고 마케팅 전략을 세우면 좋은지에 대해, 우리가 지금까지 여러 기업에서 경험하고 느낀 것을 소개하고 싶다고 생각했습니다. 그러던 중에 코로나바이러스가 발생했고 이 특수한 환경으로 인한 변화를 눈여겨보았습니다.

하지만 결론은 코로나19로 무엇이 변화했는지가 아니라 결국 인간의 본질은 바이러스와 상관없이 동일하다는 것입니다. 소비자의 마음은 날마다 바뀝니다. 계절, 가족 관계, 교우 관계, 생활환경, 직장, 사회·정치적 이슈, 자연재해 등 인지 가능한 모든 요인에 따라 생각이 바뀌고 구매 행동이 바뀝니다. 이를 실시간으로 살피고 적절한 대응을 해나가는 것에 전념해야 합니다. 코로나19가 우리에게 확인시켜 준 것은 오늘을 어제의 연장으로, 내일을 오늘의 연장으로 여기는 것이 얼마나 큰 리스크인가 하는 것입니다.

이에 따라 이 책의 스타일은 앞서 말한 대로 오해 또는 너무 한쪽으로만 생각이 치우친 「논점」을 들어 그에 대한 우리의 견해나 사례 등을 소개합니다. 간간히 「해설」을 섞어 소개하고 싶은 사고방식이나 프레임워크를 추가로 설명하고자 합니다.

필자인 우리는 P&G 출신이라는 공통점이 있지만, 퇴사 이후 15년 이상 각각 다른 업종에서 브랜드 마케팅과 경영에 종사해 왔습니다. 그렇기 때문에 이 책에 거론한 각 「논점」에 대해 우리는 서로 견해가 다를 것이라고 생각했지만 의외로 의견이 일치했습니다. 유일하게 의견 차가 있었던 것은 '차별화'와 '독자성'이라고 하는 단어의 정의이며 그에 대해서는 마지막 부분에 토론 형태로 소개합니다.

이 책이 변화의 시대에서도 변하지 않는 것, 즉 비즈니스 세계에서 열심히 일하는 모두가 잊지 않고 숙고해야 하는 요소가 무엇인지를 알게 되는 계기가 되기를 바랍니다.

차례

발간사 5

프롤로그: 변화는 코로나19 전부터 있었다 8

논점 01 코로나19 이후에 마케팅이나 경영이 어떻게 바뀔 것인지를
         생각하지 않으면 안 된다? 10

이 책의 스타일에 대해 15

1장
디지털 시대의 마케팅에 대한 오해

논점 02 디지털 시대에 매스마케팅은 필요 없다? 23

논점 03 TV 광고는 더 이상 필요하지 않다? 26

논점 04 디지털 미디어와 매스미디어는 성격이 다른 미디어이므로
         담당자를 분리해야 한다? 34

논점 05 앞으로의 마케팅 활동은 디지털 네이티브 세대가 압도적으로
         유리하다? 39

논점 06 오프라인으로는 한계가 있기 때문에 모든 판매를 온라인
         중심으로 바꿔야 한다? 42

         [해설] 매스 사고와 평균화의 함정 46

논점 07 빅데이터가 있으면 최적의 마케팅이 가능하다? 48

2장

고객 이해에 대한 오해

논점 08　고객의 의견을 반영하면 팔리는 제품을 만들 수 있다?　**55**

논점 09　소비자 조사는 낭비다?　**58**

논점 10　고객 여정 지도(customer journey map)를 그리면 전략이
보인다?　**63**

　　[해설]　Who, What, How를 어떤 순서로 논의해야 할까?　**65**

논점 11　탁월한 제품을 제공하면 자연스럽게 팔릴 것이다?　**67**

　　[해설]　인간 심리의 본질을 이해해야 한다　**69**

논점 12　충성 고객이 원하는 것을 들어주는 것이 좋은 마케팅이다?　**71**

　　[해설]　9세그맵　**73**

논점 13　B2B와 B2C는 다르기 때문에 동일한 마케팅 이론을 적용할 수
없다?　**75**

3장

브랜딩에 대한 오해

논점 14　브랜드 인지도가 높고 브랜드 이미지가 좋으면 잘 팔린다?　**81**

논점 15　브랜드 가치를 높이기 위해서는 세련된 디자인이 중요하다?　**86**

논점 16　브랜드 이미지를 지키는 것은 충성 고객을 위해서다?　**89**

논점 17　사회 공헌 활동은 기업 이미지를 좋게 하고 매출도
상승시킨다?　**94**

　　[해설]　논리로는 팔리지 않는다　**98**

논점 18　**논점 18**　브랜드가 제공하는 편익 가치는 일관성이 중요하므로
바꿔서는 안 된다?　**99**

　　[해설]　마케팅의 KGI와 KPI의 관계　**103**

4장

___ 광고에 대한 오해

논점 19 인지도가 높으면 매출 상승으로 이어진다? **107**

논점 20 트렌드는 늘 반영해야 한다? **109**

논점 21 유명인을 모델로 기용하면 잘 팔린다? **111**

논점 22 SNS에서 입소문이 나면 매출이 오른다? **115**

논점 23 유명 크리에이터에게 맡기면 좋은 콘텐츠가 나온다? **119**

논점 24 동일한 마케팅을 지속하는 것은 마케터의 태만이다? **123**

논점 25 제품을 먼저 만들고 그 다음에 전달 방법을 생각하면 된다? **126**

　　[해설] 편익은 독자성이 있어야 한다 **128**

논점 26 차별화 요소가 없으면 히트 상품이 될 수 없다? **130**

5장

___ 전략 수립에 대한 오해

논점 27 전략은 마케팅 이론의 프레임대로 논리적으로 생각하여 수립해야
한다? **135**

논점 28 전략을 수립했다면 반드시 그대로 실행해야 한다? **138**

논점 29 마케팅 전략이란 4P다? **141**

　　[해설] 고객 전략: 한 사람의 고객에서 시작한다 **144**

논점 30 카테고리가 다르므로 이업종 마케팅 사례는 도움이 되지
않는다? **146**

논점 31 끊임없이 신제품을 출시하지 않으면 매출은 증가하지
않는다? **148**

　　[해설] 세분화된 고객 집단별로 생애가치를 본다 **152**

논점 32 이업종 간의 협업은 성공하기 어렵다? **154**

논점 33 품질보다 속도가 중요하다? **156**

논점 34 마케팅 인재를 찾는다면 마케팅 경험자가 좋다? 158

논점 35 기업 문화는 조직 구성원에 의해 만들어진다? 161

논점 36 신흥의 약소 벤처들은 신경 쓸 필요 없다? 164

6장
위드 코로나 시대의 마케팅, 무엇을 생각해야 할까?

논점 37 코로나19로 인해 타격이 크다. 가격을 내릴 수밖에 없다? 171

　　　　[해설] 코로나19가 마케팅에 미친 다섯 가지 영향 173

논점 38 신규 고객을 획득하기 위해서는 매력적인 가격을 제시해야
　　　　한다? 177

논점 39 오프라인의 문화 이벤트도 온라인으로 대체 가능하다? 179

　　　　[제언] 유사시의 속도는 평상시의 준비에서 나온다 181

　　　　[제언] 선택과 집중이 아니라 포트폴리오가 중요하다 182

　　　　[사례] 코로나19를 기회로 바꾼 기업들 185

　　　　[해설] 다수의 시나리오를 사용한 위기관리 189

두 저자의 토론
차별화가 아니라 독자성을 추구해야 한다

논점 40 카테고리 내에서 압도적으로 차별화가 가능하다면 살아남을 수
　　　　있을까? 195

　　　　[해설] 차별화의 진정한 의미 197

에필로그: 두 저자가 마케터들에게 전하는 메시지 200

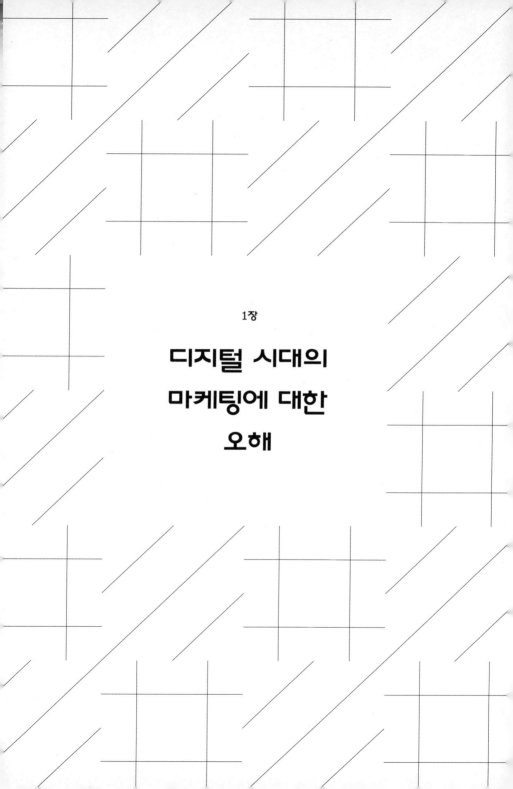

1장

디지털 시대의
마케팅에 대한
오해

디지털 시대에
매스마케팅은 필요 없다?

디지털 기기나 데이터를 이용해 개개인에게 최적화된 마케팅 커뮤니케이션이 가능해진 지금, 이전과 같이 매스미디어를 통해 일제히 많은 고객에게 동일한 메시지를 소구하는 매스마케팅은 시대에 뒤떨어지고 비효율적이기 때문에 그만해야 한다고 생각하는 사람이 많아지고 있는 듯합니다. 특히 디지털 마케팅을 현장에서 실제 집행하고 있는 디지털 네이티브 세대의 마케터들 중에 이런 생각을 가진 사람이 많습니다.

1980년대와 1990년대, 즉 인터넷이 보급되기 전까지는 TV, 신문, 잡지, 라디오의 전성기로 누구나 이 경로를 통해 정보를 얻었습니다. 누구나 거의 동일한 정보를 얻기 때문에 이런 환경에서는 매스미디어를 활용한 마케팅이 매우 유효했습니다.

매스미디어를 통한 마케팅의 장점은 많은 고객에게 한꺼번에 도달 가능하다는 것입니다. 전달하고자 하는 메시지가 단 하나라면 지금도 TV는 단기간에 많은 고객에게 메시지를 도달하게 하는 유일한 방법이라고 할 수 있습니다.

반면 도달이 한정적인 디지털 미디어는 개개의 고객에게 맞춤화된 메시지를 직접 전달하는 매체라고 볼 수 있습니다. 지금은 마케팅 자동화(marketing automation) 같은 기술을 통해 자동적으로 개개의 고객에게 다른 메시지를 전달하는 '매스 고객맞춤화(mass customization)'도 가능해졌지만 '많은 고객에게 단번에 메시지를 전달'하는 면에서는 그리 효과적이지 않습니다.

이쯤 되면 이런 의문이 들 것입니다. 결국 어느 쪽을 하라는 거지? 매스미디어? 디지털 미디어?

양자택일의 문제가 아닙니다. 기업에 최적의 마케팅은 둘 중 어느 한쪽이 아니라 그 중간 또는 조합에 있습니다.

디지털 시대라고 불리는 지금은 정보를 전달하는 방법이 극도로 분산되었습니다. 이 때문에 고객에게 제품이나 메시지를 전달하는 일이 예전에 비해 훨씬 복잡하고 어려워졌습니다. 세대 간의 차이도 크고 지방과 도시 간에도 상황과 최적의 미디어가 다릅니다.

여기서 우리가 주장하고 싶은 것은 매스미디어 단독으로 메시지를 전달하는 것도 비효율적이지만, 그렇다고 모든 전달 수단을 디지털로 하면 많은 잠재 고객을 놓치게 된다는 사실입니다.

고객을 세분화하고 그 구분에 따라 어떤 메시지를 어떤 수단을 통해 전달할 것인지를 생각해야 합니다. 매우 복잡한 전략, 매체, 고객, 메시지의 조합이 필요한 시대입니다.

P 논점 2의 포인트

디지털 시대라고 디지털 미디어만 유용한 것이 아니며, 단번에 많은 사람들에게 메시지를 전달할 수 있다고 해서 매스미디어만 유용한 것도 아닙니다. 지금은 디지털 미디어와 매스미디어를 고객에 맞춰 조합해서 사용해야 합니다. 둘중 어떤 것이냐의 선택의 문제보다 고객의 특성을 생각하지 않고 단일 메시지를 단일 방식으로 전달하려는 '매스 사고(mass thinking)'야말로 문제입니다.

TV 광고는 더 이상 필요하지 않다?

젊은 세대를 중심으로 많은 사람들이 스마트폰을 통해 디지털 미디어에 접속해 정보를 얻는 시대이므로 TV 등의 올드미디어는 필요 없다는 말을 자주 듣습니다.

'TV 광고에 막대한 비용을 들이는 것은 낭비이므로 마케팅 예산을 디지털 미디어에 집중하는 것이 좋다'는 의견이 기업의 마케팅 회의에서 심심치 않게 등장할 것입니다.

디지털 미디어의 이용이 증가하고 있는 것은 사실이지만, 그렇다고 기존 미디어를 과거의 유물로 치부하고 아예 고려 대상에서 제외하는 것은 잘못된 것입니다. 게다가 최근 수개월간 외출 자제나 재택근무로 인해 집에 있는 시간이 늘어나면서 TV의 시청률, 광고 도달률이 크게 증가했습니다. 코로나19를 계기로 TV의 매체로서의 유효성이 새삼 증명되었다고 볼 수 있습니다.

하지만 중요한 것은 TV냐 디지털이냐가 아니라 누구에게 어떤 메시지를 어떻게 전달할 것인지를 기준으로 매스미디어와 디지털 미디어를 배분하여 사용하는 것이 가장 좋은 방법입니다. 어떻게 배분할지는 사업이나 카테고리에 따라 다르고 동일한 기업이라도 제품, 메시지, 타깃 등에 따라 다를 수 있습니다.

그러면 기존 미디어가 필요 없다고 여기는 것이 왜 문제가 되는지 데이터를 통해 소개하겠습니다. 마케터들이 매체 계획을 세울 때 고려해야 할 사항들입니다.

세대를 볼 때는 백분율(%)뿐만 아니라 인구도 본다

국내 대형 광고회사가 발표하고 있는 미디어 습관 보고서를 보면 TV와 디지털 미디어의 이용 상황은 세대별로 큰 차이가 있습니다.

다음 페이지의 "세대별 미디어 이용 시간(휴일)" 도표는 10~60대까지 세대별 미디어 이용 시간을 비교한 것인데, 50대 이상은 TV가 우세하며, 30~40대는 TV와 인터넷이 비슷하고, 30대 이하에서는 디지털 미디어가 우세하게 나타납니다. 15~20년 전만 해도 이렇게까지 분명하게 나뉘지 않았는데 지금은 세대 간 차이가 매우 현저하게 드러나고 있습니다.

여기서 알 수 있는 것은 TV에 대한 생각은 세대에 따라 다르고 디지털 미디어만으로는 접촉할 수 없는 사람이 아직 많다는 사실입니다.

또 하나 주의 깊게 보아야 하는 것이 세대별 인구입니다.

데이터를 분석할 때 백분율(%)만 보고서 10~20대의 이용률이 높고 50~60대에서는 저조하다는 결론을 내기 쉬운데, 인구 비율로 계산하면 50~60대 쪽이 젊은 세대보다 시장이 크다고 볼 수 있습니다. 50대에서는 같은 해에 태어난 사람만 200만 명 이상 있지만, 지금의 아이

■■ ▌▐ ▌ 세대별 미디어 이용 시간(휴일)

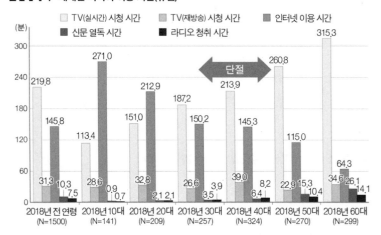

자료: 『2020년 정보통신백서 제2부(令和2年版 情報通信白書 第2部)』, p,369, 〈도표 5-1〉, 〈도표 5-2〉 참고하여 작성.

■■ ▌▐ ▌ 일본의 세대별 인구 분포

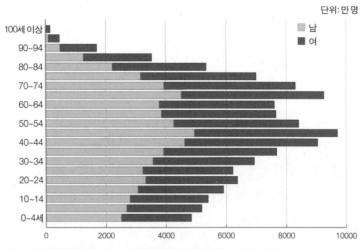

자료: 총무성 통계국(総務省統計局) 발표(2020년 10월 20일 공표) 참고하여 작성.

들은 90만 명 정도입니다. 50대 이상과 10~20대의 인구는 1.5배나 차이가 납니다.

TV와 디지털 미디어의 소구력 차이

TV와 디지털을 논할 때 흔히 둘 중 어느 쪽을 많이 보는지를 두고 비교합니다. 여기서는 TV와 디지털의 소구력이 동일하다는 것을 전제로 합니다.

하지만 지금까지 우리가 관여한 조사에 의하면 TV 광고 시청 1일 후 광고 상기도는 낮게 나와도 10%, 높을 때는 80% 정도까지 나옵니다. 반면 디지털 미디어의 영상 광고나 배너 광고, 검색 광고 등은 방문자의 전환*에는 기여를 해도 광고 접촉 1일 후의 상기도는 매우 낮고 대부분은 제로에 가깝습니다. 단번에 인지도를 높일 수 있다는 점에서는 단연 TV의 손을 들어줄 수밖에 없습니다.

미디어 접촉 시의 태도에도 큰 차이가 있습니다. 스마트폰을 통해 디지털 미디어에 접촉할 때 대개는 보고 싶어 하는 것만 선택해서 봅니다. 방대한 정보에 접속할 수 있으므로 불필요한 것은 버리고 원하는 것만 선택하는 적극적이고 의식적인 행동을 취합니다. 따라서 수동적으로 정보를 받는 TV와 달리 메시지가 남을 가능성이 적다고 할 수 있습니다.

....

* 웹사이트 방문자가 회원 등록, 다운로드, 제품 구매 등 웹사이트가 의도하는 행동을 하는 것.

이러한 배경 때문에 디지털 미디어용 콘텐츠에는 강렬한 임팩트가 요구되는데, 그것이 강렬하면 강렬할수록 제품과 연관되기 어렵다는 문제가 발생합니다. 사람들이 호감을 갖고 자발적으로 보는 광고는 대부분 재미있거나 놀랍거나 불가사의하거나 감동적이거나 하는 등의 감상적 요소가 강한 경우가 많습니다. 그런 광고는 제품이 제공하는 편익과는 무관한 엔터테인먼트의 가치만 인식하게 합니다. 즉, 광고임에도 불구하고 결국 제품은 기억되지 않는 본말전도의 결과가 되어버립니다.

이처럼 TV와 디지털 미디어는 고객의 시청 태도가 다르다는 점도 고려하는 것이 중요합니다.

TV와 디지털 미디어의 커버리지를 본다

코로나19 시기를 제외하면 TV 시청률은 확실히 하락세에 있으며 과거처럼 시청률이 매우 높은 국민 드라마, 국민 예능 프로그램도 적어졌습니다. 하지만 시청률 5%라 해도 몇 백만 명이므로 15초 광고를 전국에 있는 몇 백만 명에게 순식간에 보낼 수 있습니다.

한편 디지털 미디어는 무수히 세분화되어 있습니다. 페이스북이나 인스타그램 등의 SNS는 이용자 수가 많아 광고 도달률이 TV와 다르지 않다고 하지만 SNS 이용자들은 매우 적극적으로 광고를 무시하는 경우가 많습니다.

유튜브는 이용자가 흥미를 가질 만한 콘텐츠를 추천해 줍니다. 개인 맞춤으로 알고리즘이 적용되어 비용 효율성이 높다는 특징이 있지만, 다른 관점에서 보면 해당 콘텐츠에 흥미를 가지는 고객 외에는 인지 형성이 되지 않는다는 허점이 있습니다.

메시지를 보내고 싶은 기업으로서는 디지털 미디어의 수가 많은 것도 고민입니다. TV는 IPTV, 위성 방송 등의 보급으로 인해 프로그램 수가 많이 늘어났지만 대부분은 TV 프로그램과 동일하므로 몇 개의 프로그램에서 선택하면 충분합니다. 하지만 디지털 미디어는 무수하고 사람에 따라 보는 미디어도 제각각입니다. 100만 명에게 도달을 원할 경우 다수의 미디어 네트워크를 통해 동일한 메시지를 수십 번, 수백 번 노출시키고 그것을 일정 기간 동안 지속하지 않으면 안 됩니다.

온라인 광고는 TV 광고를 넘어섰나?

온라인 광고비가 TV 광고비를 넘어섰다고 합니다. 그런데 여기에도 오해가 있습니다.

덴츠(電通)가 매년 발표하고 있는 매체별 광고비 내역을 20년, 30년 단위로 보면 하락폭이 큰 것은 잡지와 신문입니다. 라디오도 다소 하락세에 있습니다. TV는 2000년 전후를 정점으로 서서히 하락하고 있지만 현재는 1990년대와 크게 다르지 않습니다. 온라인 매체만 1990년대 후반부터 급격하게 상승하고 있습니다.

따라서 온라인 매체가 크게 확산된 것은 맞지만 그렇다고 TV의 영향력이 상실되었다고는 할 수 없습니다.

디지털과 TV는 성격이 전혀 다른 매체입니다. 그러므로 각각의 효과를 직접적으로 비교하는 것은 무리입니다.

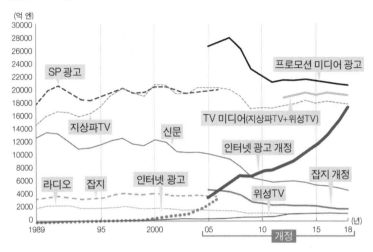

■■││││ 일본의 광고비

(억 엔)

- SP 광고
- 프로모션 미디어 광고
- 지상파TV
- 신문
- TV 미디어(지상파TV+위성TV)
- 인터넷 광고 개정
- 잡지 개정
- 라디오
- 잡지
- 인터넷 광고
- 위성TV
- 개정

자료: 덴츠(電通), 『광고경기연표(広告景気年表)』를 참고하여 작성.

디지털 매체는 단시간의 커버리지 속도는 느리지만 타깃팅을 세부적으로 설정할 수 있기 때문에 각 고객층에 맞춰 광고를 나눠서 전달할 수 있습니다. 또한 그 각각의 전달 효과를 측정할 수 있기 때문에 비용 대비 효과도 관리·개선하기 쉽다는 장점이 있습니다.

TV는 많은 사람에게 단번에 도달시키고자 할 때 1인당 도달 비용이 가장 저렴한 매체지만 타깃팅이 폭넓기 때문에 개개인의 전환 비용 효율은 디지털에 비해 떨어집니다.

매체의 특성과 비용 대비 효과를 고려해 목적에 맞게 사용하고 부족한 부분을 보완하여 상승효과를 내는 최적의 조합을 생각하는 것이 중요합니다.

TV든 디지털 미디어든 모든 매체는 독자적 특성이 있고 타깃 도달 효율도 다릅니다. 타깃에 맞는 최적의 미디어믹스를 적용하려면 매스미디어와 디지털 미디어를 객관적으로 볼 줄 알아야 합니다.

디지털 미디어와 매스미디어는 성격이 다른 미디어이므로 담당자를 분리해야 한다?

현재 일본 기업의 경영진은 대부분 1980년대, 1990년대에 산업 현장의 최전선에서 기업을 성장시키고 강력한 브랜드를 만드는 데 일조한 사람들입니다. 그들은 조직, 외부 협력 업체, 세계 진출 등 회사의 중요 사항에 대해 늘 미래를 조망하면서 의사 결정을 해왔지만, 안타깝게도 마케팅 감각만은 자신이 현장에서 일하던 그 시절에 머물러 있는 듯합니다.

그들 중에는 디지털마케팅을 홈페이지 만드는 것 정도로만 생각하는 사람도 적지 않습니다.

이러한 경영진이 마케팅이나 광고 예산의 최종 결정권을 가지고 있으면 디지털 마케팅의 순위는 한참 밀리게 됩니다. 젊은 세대를 겨냥하여 SNS나 유튜버를 활용한 마케팅 계획을 세워도 충분한 예산을 배당받지 못해 실행에 옮기지 못한 젊은 마케터가 많을 것이라 생각합니다.

한편 명확한 목적도 없이 무작정 TV 중심의 매스 마케팅을 한다고 해서 효율이 좋아지는 것도 아닙니다.

의사 결정자는 TV 광고가 효과가 없다는 생각이 들면 그제야 디지털 마케팅을 허락합니다. 하지만 디지털 마케팅 역시 2~3년 정도 해보니 KPI는 향상했지만 매출이나 이익에 대한 공헌도가 높지 않다는 사실을 알고 다시 TV 광고로 돌아갑니다. 이런 기업들이 의외로 많습니다.

더욱이 디지털 미디어에 대해서 잘 모르기 때문에 내부 담당자나 디지털 광고 회사에 일임한 채 경영진이 일절 관여하지 않는 경우도 있습니다. 디지털 담당자는 디지털에 집중하기 때문에 디지털 미디어만 보고 경영진은 자신이 이해할 수 있는 매스미디어에만 신경을 씁니다. 그 결과 매스미디어와 디지털 미디어의 담당자를 따로 두고 각 담당자가 제각각 마케팅 활동을 전개합니다. 즉, 마케팅 활동이 미디어별로 분산되고 있는 것입니다.

여기서 생각하지 않으면 안 되는 것이 '고객 입장'입니다. 분산된 마케팅은 고객으로 하여금 하나의 제품(또는 기업)이 여러 미디어를 통해 일관성 없는 메시지를 발신하고 있는 듯이 느끼게 합니다. 심지어 동일한 기업이 아니라는 착각까지 들게 합니다. 이것이 문제입니다.

하나의 제품을 고객에게 노출할 때에는 어떤 고객층에게 TV로 전달하고 보완 매체로서 디지털 매체를 사용할 것인지, 또는 TV로 도달할 수 없는 고객층에게는 디지털 매체를 통해 어떤 메시지를 전할 것인지, 매스미디어와 디지털 미디어를 포괄적·통합적으로 엮는 마케팅을 생각하지 않으면 안 됩니다.

구세대와 신세대가 사는 평행 세계

매스미디어와 디지털 미디어는 구세대와 신세대를 대표하는 미디어라고 할 수 있습니다. 필자인 우리는 이 두 세대를 평행 세계에 비유합니다. 즉, 지금 세상은 두 개 이상의 세계로 나뉘어 몇 가지 다른 일이 동시에 발생하는 평행 세계라고 생각하는 것이 각 세대가 상대를 이해하기 쉽다는 의미입니다.

젊은 세대는 디지털의 영향을 받으며 20세기와 21세기를 살아왔습니다. 스마트폰으로 언제든지 연락을 하고 정보를 얻고, 종이 지도도 유선 전화도 현금도 필요 없는 그런 환경에서 가치관을 형성해 왔습니다.

한편 기업에서 마케팅 중책을 맡고 있는 50대 이상의 사람은 대부분 젊은 시절 현장에서 직접 고객의 의견을 들으면서 정보를 수집했고, 그때의 마케팅 습관과 세계관을 그대로 가지고 있습니다. 그것이 나쁘다는 것은 아니지만 젊은 세대의 입장에서는 말도 안 되게 진부하게 보일 것입니다.

그들 각각은 살아온 환경이 다르듯 세계관, 가치관도 다릅니다. 그럼에도 그들은 같은 나라에 살고, 같은 얼굴로 같은 언어를 사용하고, 같은 음식을 먹고 있기 때문에 실질적인 위화감은 느끼지 못하고 있습니다. 서로가 실은 전혀 다른 세계에 살고 있는데, 이 사실을 인식하지 못하기 때문에 회사에서 늘 견해 차이가 발생하는 것입니다.

몇 년 전에 '굿바이 아저씨'라는 광고가 화제가 된 적이 있는데, 이는 윗세대를 소위 '꼰대'라고 여기는 젊은 층의 생각을 대변한 것이라고 볼 수 있습니다. 젊은 마케터는 윗사람에게 아무리 말해도 이해하지 못한다며 회사를 그만두거나 아니면 체념하고서 시키는 대로만 움직이는 수동적 자세를 택하거나 합니다.

윗사람은 윗사람대로 젊은 마케터를 이해하지 못하고 자신의 진부함을 돌이켜보지 않고 세대 간 유행의 차이일 뿐이라고 치부해 버립니다. 사실 그것은 세대 간 유행의 차이가 아니라 '전혀 다른 나라와 문화에서 태어나고 성장'한 정도의 차이입니다.

한 번도 가보지 않은 아프리카 케냐에 성공적으로 진출하기 위해서는 어떤 전략을 세워야 할까요? 그 나라 사람들이 어떤 성향인지, 어떤 니즈가 있는지, 어떤 생활을 하는지 상상조차 하지 못하는 상황에서는 적확한 전략을 세울 수가 없습니다. 그럴 경우에는 현지인을 고용하거나 그 나라에 대해 잘 아는 사람에게 맡기려고 할 것입니다.

그 이전과는 전혀 다른 환경에서 자라고 전혀 다른 습관을 가지고 전혀 다른 기호나 성향, 니즈를 형성해 온 세대가 1990년 전후 세대입니다. 다만 인종이 같고 언어가 동일하기 때문에 그 차이를 느끼지 못하고 있을 뿐입니다.

같은 회사에서 각 세대가 서로의 지견을 펼치지 못하는 것은 안타까운 일입니다. 어쩌면 서로 다른 나라에서 태어나 자랐다고 여기는 것이 서로의 간극을 좁히고 각자의 강점을 살릴 수 있는 방법일지도 모르겠습니다. 그리고 무엇보다 타깃 고객에 대해 잘 아는 현지인(세대)에게 맡기는 용기가 필요합니다.

P 논점 4의 포인트

매스미디어냐 디지털 미디어냐를 두고 일어나고 있는 전례 없이 큰 세대 간의 차이를 객관적으로 인식해야 합니다. 무조건적인 TV 광고나 무조건적인 디지털 마케팅은 어떤 효과도 내지 못합니다. 각 세대가 속해 있는 세상보다 중요한 것은 타깃 고객이 누구인지, 누가 그 고객에 대해 가장 잘 알고 있는지입니다. 고객에 맞춰 매스미디어와 디지털 미디어를 배분하고 통합적으로 관리해야 합니다.

논점 05

앞으로의 마케팅 활동은 디지털 네이티브 세대가 압도적으로 유리하다?

디지털 세상에서는 디지털 네이티브 세대의 마케터에게 압도적으로 우위성이 있다고 하는데, 과연 그럴까요?

스타트업 기업이나 IT 기업 등에서는 20~30대의 디지털 세대 경영자나 마케팅 책임자가 조직을 이끕니다. 그들은 디지털 환경에서 성장했기 때문에 자신들이 보는 디지털 세계가 전부라고 생각합니다. 그래서 기존 미디어를 과거의 유물이라고 치부하고 디지털 만능주의에 빠집니다. 어느 정도는 그것으로 잘 되기도 하지만 더 크게 성장하기 위해서는 디지털 미디어만으로 접촉할 수 없는 고객층까지 확보해야 합니다. 하지만 그때에도 디지털에서 벗어나지 못하고 여전히 디지털 만능주의에 빠져 있으면 과제를 해결할 방법은 찾을 수 없을 것입니다.

흔히 10대는 TV를 보지 않는 세대라고 하지만, 총무성이 발표한 시청률 데이터에 따르면 10대의 60% 이상이 TV를 시청하고 있습니다. 디지털을 이용하는 사람은 TV를 일절 보지 않는다는 극단적 세계관에서 벗어날 필요가 있습니다.

게다가 디지털이라고 해도 PC를 통한 온라인 세계인지 가지고 다니는 스마트폰을 통한 어플리케이션인지에 따라 소비자의 행동이 달라집니다.

인터넷은 세대 간 격차를 촉진시킨다

인터넷은 모두에게 정보를 공평하게 제공한다고 여기겠지만, 사실은 이와 다르게 정보 격차를 촉진하고 있는 측면이 있습니다.

예를 들어 디지털 결제는 사실상 그렇게 어려운 것이 아니며 교통 카드처럼 익숙해지면 현금을 가지고 있지 않아도 결제가 가능하므로 편리하게 사용할 수 있습니다. ○○페이로 지불하면 포인트도 쌓이고 할인 프로모션도 이용하면 현금으로 지불하는 것보다 훨씬 이득입니다.

그런데 아직도 많은 사람들이 편의점이나 슈퍼마켓 등에서 현금을 사용하는 것을 종종 볼 수 있습니다. 그들은 조금이라도 저렴하게 구입하려고 매일 슈퍼마켓의 전단지를 꼼꼼히 들여다보지만, 사실상 별다른 이득이 없는 현금 결제를 계속할 뿐 디지털 결제에는 전혀 관심이 없습니다. 거기에는 깨기 힘든 '습관의 벽'이 있습니다.

디지털 네이티브 세대에게는 아무것도 아닌 일이지만, 디지털 기기에 익숙하지 않은 장년층에게는 매우 높은 장애물로 느껴지는 것입니다. 이를테면 기업 경영진 대부분이 스마트폰을 사용하고는 있지만 어플리케이션을 활용하는 데는 익숙하지 않아 구입했을 때의 설정 그대로 사용하고 있거나 사용하는 어플리케이션만 사용하고 새로운 어플리케이션에는 관심이 없거나 합니다.

인터넷을 사용하면 빠름, 저렴함, 편리함의 혜택을 누릴 수 있는데 정보에 어두운 사람은 그것을 향유하지 못하고 있습니다. 인터넷이 확산되면 확산될수록 이 같은 격차는 더 크게 벌어지고 있습니다.

한편 디지털 결제는 전년도의 배로 증가하고 앞으로도 확산되어 갈 것인데 그럼에도 사용하지 않는 사람은 절대로 사용하지 않을 것입니다. 물론 젊은 세대가 증가하면 상황은 바뀌겠지만 아직은 사용하지 않는 소비자도 많다는 것을 전제로 마케팅 활동을 할 필요가 있습니다. 디지털 네이티브 세대는 아마도 이러한 사람이 존재한다는 사실 자체를 이해하지 못할지도 모릅니다.

> **P** 논점 5의 포인트
>
> '디지털 세대는 TV를 보지 않는다'고 단편적으로 생각하고 있지 않습니까? 디지털 네이티브 세대의 마케터일수록 디지털에서 떨어져 고객을 살펴볼 필요가 있습니다. 디지털만으로 접촉할 수 없는 사람들이 보인다면 잠재 고객을 찾아낸 것이라고 할 수 있습니다.

오프라인으로는 한계가 있기 때문에 모든 판매를 온라인 중심으로 바꿔야 한다?

이번 코로나19를 계기로 사람들이 외출을 하지 않게 되면 소비 행동의 대부분이 온라인으로 옮겨간다는 사실이 명확해졌습니다. 매장 영업이 불가능해졌기 때문에 온라인으로 주문을 받고 배달하는 서비스를 처음으로 시작한 음식점도 많이 생겨났습니다.

온라인 구매는 습관적인 것으로 한 번 경험하면 다음부터는 이용에 대한 저항감이 많이 사라집니다. 따라서 다시 외출이 자유로워지는 상황이 되더라도 온라인 구매는 지속될 것으로 보입니다.

다만 앞서 데이터에서 보았듯이 현재 온라인을 전혀 이용하지 않는 사람들도 많이 있습니다. 모두가 아마존이나 라쿠텐시장(樂天市場)˙을 이용하고 있는 듯하지만, 2019년 4월 현재 이용자 수는 둘 다 5000만 명 전후로 일본 인구의 30%가 채 안 됩니다. 물론 세대가 바뀌어감에 따라 사용률도 높아지겠지만 오프라인 매장 또한 틀림없이 존속하고 오프라인에서만 구입하는 층도 틀림없이 존재할 것입니다.

˙ 일본을 대표하는 온라인 쇼핑몰.

이커머스(EC)는 거대 시장인가?

여러 보도 기사들을 보고 있으면 이커머스는 향후 더욱 성장하고 거대 산업이 될 것 같은 인상을 받습니다. 또한 IT 업계의 벤처 기업인들과 이야기를 해보면 그들은 디지털 세계가 비즈니스의 완결이며 전부라고 생각합니다.

그런데 산업별 시장 규모를 보면 전혀 다른 양상입니다. 일본에서는 여전히 자동차 관련 산업이 가장 큰 부분을 차지하고 있으며, BtoC에서의 이커머스는 아직 작은 산업에 불과합니다. 게다가 대부분의 산업이 오프라인과 섞여 있습니다.

물론 산업의 많은 부분에서 디지털화가 진행되고 있는 것은 확실하지만, 그렇다고 앞으로 모든 비즈니스가 디지털이나 이커머스로 진행되는 것은 아닙니다. 전기 자동차 업계를 선도해 온 테슬라의 행보가 전 세계 자동차 시장에서 관심을 받고 있고 시가총액이 세계 1위가 되었다고 해도 고객의 적응에는 오랜 시간이 걸립니다. 변화의 방향성뿐만 아니라 그 변화를 장기적으로 보았을 때 기대치와 돌발적으로 가속화될 가능성을 냉정하게 읽을 필요가 있습니다.

디지털 경제, 디지털 비즈니스의 GDP(국내총생산)가 얼마인지에 대한 논의는 여러 나라에서 진행되고 있지만 지표는 아직 정해지지 않았습니다. IT 산업과 달리 일반 산업의 경우 디지털 기술에 의한 생산성을 어떻게 분류해서 계측할지가 어렵기 때문입니다.

다만 이 분야에서 가장 앞서간다고 할 수 있는 중국의 발표에 따르면 디지털에 의한 GDP는 1년 전 시점에서 전체 30% 정도라고 합니다

자료: 비주얼라이징 인포(ビジュアライジング・インフォ)(https://visualizing.info/).

(숫자의 근거는 공개되지 않았습니다). 바꿔 말해 디지털화로 세계 첨단을
달리는 중국에서조차 아직 70%가 오프라인 비즈니스라는 것입니다.

　디지털화는 앞으로 더욱 진행될 것은 분명하지만, 디지털로 획득
가능한 시장이나 디지털 마케팅만으로 효과를 거둘 수 있는 범위는 아
직 크지 않다는 것도 사실입니다. 마케팅 전략을 세울 때는 주변의 이
야기만 듣고 디지털에 과잉 반응할 것이 아니라 냉철하게 현황을 살펴

보고 판단하는 것이 중요합니다.

경제산업성이나 국토교통성의 사이트를 보면 우수한 사람들이 다양한 분석을 하고 상세한 보고서를 올려 놓고 있습니다. 그런 자료들을 살펴보는 것만으로도 유익한 시사점을 얻을 수 있을 뿐만 아니라 가공하기 쉬운 형태로 데이터를 입수할 수 있기 때문에 자체적으로 분석할 수도 있습니다.

P 논점 6의 포인트

온라인을 통해 구매하는 전자상거래 시장은 아직 규모가 크다고 할 수 없습니다. 발전 가능성은 여전히 존재하지만, 그렇다고 마케팅이나 경영의 전부를 여기에 거는 것은 매우 단순한 발상입니다. 디지털화할 수 없는 부분, 오프라인에서 가능성이 남아 있는 부분을 고려한 다음 단기, 중장기 전략을 세울 것을 추천합니다.

매스 사고와 평균화의 함정

「논점 2」에서도 언급했지만, 마케팅 전략을 수립할 때 절대로 피해야
하는 것이 고객을 하나의 큰 무리로 가정하는 '매스 사고(mass thinking)'
입니다. 이는 최대공약수적으로 평균화한, 실재하지 않는 고객상을 전
제로 광고나 미디어 등의 수단을 검토하는 것입니다. 이 부분은 필자
인 우리가 많은 실패를 경험해 왔기 때문에 마케터들에게 특히 충고하
고 싶은 포인트입니다.

　예를 들어 누군가에게 선물할 때 상대방이 확실히 좋아할 것이라
고 자신할 수 있는 선물을 고를 수 있는 것은 상대가 자신이 잘 알고
있는 한 사람일 경우입니다. 그러나 회사 동료 10명에게 줄 선물을 고
른다고 하면 상황은 달라집니다. 10명의 공통점이 도심에 살고 있으며
가계 연 수입이 500만 엔 이상의 30~40대 자녀가 있는 주부라고 해도
모두가 동일하게 좋아할 만한 선물을 고르기는 매우 어렵습니다. 그런
데 실제 마케팅 현장에서는 10명 모두가 동일하게 좋아할 것이라는 전
제로 전략을 세웁니다.

　실제로 데이터베이스를 활용하여 핵심 유저를 추출해 보면 '30~40
대 연 수입이 높은 여성, 직업이 있는 사람이 많고, 30% 정도는 전업주
부이며 학력은 4년제 대학 졸업자가 많고, 살고 있는 지역은 ○○구가
많다' 등의 분석 결과를 받게 될 것입니다. 그러나 이는 현실 세계 어디
에도 없는 평균화된 가상의 고객층에 지나지 않습니다. 그러한 고객을
대상으로 마케팅을 전개한다면 아무에게도 영향을 미치지 못할 확률
이 높습니다. 더욱이 ○○구에 포함되지 않은 고객은 검토 대상에서

제외되고 맙니다.

핵심 유저라 해도 여러 타입이 있기 때문에 개개의 고객에 대해 살펴볼 필요가 있습니다. 그런 다음 몇 개의 공통분모로 고객을 묶고 그그룹의 공통점, 미디어 습관, 생활 습관을 파악한 다음 각 그룹별로 소구 내용이나 전달 방법을 생각해야 합니다.

매스미디어가 정보를 획득하는 유일한 방법이었을 때는 고객의특성이 일정 정도 획일화되기도 했지만, 지금같이 온오프라인을 넘나드는 세상에서 고객을 평균화해서 보는 것은 다양성을 인정하지 않는것과 같습니다. '일반 대중'이 아니라 '특정 누군가에게' 마케팅이 필요한 시대입니다.

논점 07

빅데이터가 있으면
최적의 마케팅이 가능하다?

기술의 발전으로 방대한 양의 데이터를 모으고 이를 분석할 수 있게 된 지금, '데이터 활용이나 AI(인공지능) 기술은 기업의 사활이 걸린 문제다', 'GAFAM(구글, 애플, 페이스북, 아마존, 마이크로소프트) 같이 빅데이터를 보유하고 있는 플랫폼이 압도적으로 유리하다'고 하는 사뭇 위협적으로까지 들리는 말을 자주 듣습니다.

그런데 대량의 데이터를 수집·분석하고 그 결과에 따라 커뮤니케이션하여 높은 성과를 거둔 기업, 또는 데이터 사이언티스트의 분석 결과를 토대로 마케팅을 전개했더니 크게 성장했다는 기업, 그러한 분석과 전략을 통해 지속적으로 실적을 올리고 있는 기업 등은 실제로 어느 정도 있을까요?

예를 들어 T포인트 카드*는 스카이락**에서는 이용자의 약 60%,

---

* CCC(Culture Convenience Club)사가 운영하는 포인트 프로그램. 한 장의 포인트 카드로 제휴사의 포인트를 적립·사용할 수 있는 서비스.
** 패밀리레스토랑 체인을 운영하는 외식 기업.

패밀리마트에서는 이용자의 약 40%가 사용하고 있다고 하므로 상당한 양의 데이터가 쌓여 있을 것입니다. 당연히 스카이락이나 패밀리마트는 이를 활용한 데이터 기반 마케팅을 전개했을 것입니다. 하지만 그 덕분에 두 회사가 비약적으로 성장하고 있다는 이야기는 듣지 못했습니다.

왜냐하면 개인이 스카이락이나 패밀리마트에서 쓰는 금액은 그가 지출하는 전체 금액의 극히 일부에 지나지 않기 때문입니다. 모든 이용자의 행동을 파악할 수 있을 정도의 대량의 데이터를 수집할 수 있다면 이야기는 다르겠지만, 특정 순간, 특정 장소에 있을 때의 데이터밖에 파악할 수 없다면 그것을 활용하여 어떤 마케팅을 전개한다고 해도 반드시 유효하다고는 할 수 없습니다.

확실히 구글이나 아마존은 대량의 데이터를 보유하고 있지만, 그 데이터는 개인의 다양한 접점을 망라하고 있지도 않고 개인을 특정할 수 있는 데이터도 아닙니다. 빅데이터가 어떻게 효과적으로 마케팅에 활용될 수 있을지는 앞으로 좀 더 연구되어야 할 것입니다.

개선이 아니라 혁신이 중요

물론 데이터는 도움이 됩니다. 지금의 코로나19 같은 환경에서는 어디에 사람들이 모이는지, 무엇을 많이 검색하는지 등 데이터를 통해 상황을 볼 수 있기 때문에 더욱 의미가 있다고 생각합니다.

AI나 빅데이터를 통해 고객 행동 데이터를 분석하면 최적화된 마케팅 시책으로 개선하는 데 도움이 될 것입니다. 최적화 속도가 빠르면 빠를수록 비즈니스는 급속히 성장하기 때문에 특히 온라인을 기반으로 하는 비즈니스에서는 이를 꼭 활용하는 것이 유익한 것은 사실입니다.

다만 문제는 그것만으로는 이길 수 없다는 것입니다.

예를 들어 마케팅 자동화 시스템을 도입한 기업과 도입하지 않은 기업을 비교하면 전자가 영업이나 마케팅 효율이 좋아질지도 모릅니다. 그런데 마케팅 자동화 시스템은 업계가 달라도, 기업이 달라도 전부 동일한 논리로 작동하므로 업계의 모든 기업이 이 시스템을 이용한다면 마케팅은 크게 차별화되지 않습니다. 비용 효율성은 높일 수 있지만 이길 수 있는 시책으로는 이어지지 않습니다.

또한 빅데이터는 아무리 데이터를 분석해도 미래의 잠재 고객이 누구이며 그들에게 제공해야 하는 독자적 편익이 무엇인지 가르쳐 주지 않습니다. 오히려 지나치게 데이터 기반에 몰입하면 미래 고객보다 단기간 투자 효과를 높이는 방향으로 나가버립니다.

단순히 대량의 데이터를 수집하기보다 고객의 행동을 좌우하는 심층 심리를 이해하는 것이 훨씬 도움이 됩니다. 현재의 마케팅이 누구에게 유효한지, 왜 효과가 있는지를 안다면 다음 시책을 생각하기 쉽습니다. 또한 현재의 시책이 유효하지 않는 고객 등 문제점을 이해한다면 놓치고 있던 잠재 고객층을 파악하고 어떤 시책을 전개하면 좋을지를 알 수 있습니다.

데이터는 새로운 것, 혁신을 창출하기 위해 활용하는 도구이지 의존할 만큼 절대적인 것은 아니라는 인식이 필요합니다.

빅데이터는 고객의 모든 접점을 망라하고 있지 않습니다. 수집할 수 있는 접점이 있고 수집할 수 없는 접점이 있습니다. 빅데이터만으로 최적의 마케팅을 구사할 가능성은 있지만, 문제는 수집할 수 없는 접점에서의 고객 행동을 파악할 수 없다는 것입니다. 하지만 확실히 데이터는 의미 있는 정보를 제공해 주고 그 활용성은 향후 더욱 확대될 것입니다. 다만, 데이터의 숫자를 높낮이로만 읽을 것이 아니라 그 배경에 있는 고객의 심층 심리를 통찰할 수 있어야 마케팅의 완성도가 높아질 것입니다.

2장

고객 이해에 대한
오해

고객의 의견을 반영하면
팔리는 제품을 만들 수 있다?

고객의 의견을 듣고 니즈를 파악하고 그에 대응하는 것이 마케팅의 기본입니다. 고객의 의견을 듣는 것은 당연한 일이지만 거기에는 장점과 단점 두 측면이 있습니다.

이를테면 택배 회사나 통신 판매 회사 같은 오퍼레이션 중심의 회사의 경우 고객 의견을 수렴하여 서비스를 개선해 나가는 것이 경쟁 우위로 연결됩니다. 단, 그 개선 내용이 따라할 수 있는 것이라면 경쟁사가 바로 모방함으로써 결국 차별화할 수 없게 됩니다.

고객의 의견을 듣고 개발한 제품이 실패한 예는 동서고금을 막론하고 매우 많습니다. 1985년 미국 코카콜라가 내놓은 '뉴코크'는 그 대표적 사례라고 할 수 있습니다. 이 이야기는 너무 유명해서 잘 알고 있으리라 생각하는데, 상기하는 의미에서 간략히 설명하겠습니다.

마케팅의 선구자라고 할 수 있는 코카콜라가 대규모 소비자 조사를 거듭한 결과, 기존 코카콜라의 맛을 변경하여 신제품 '뉴코크'를 출시하기로 결정했습니다. 뉴코크는 맛 평가에서 경쟁 제품인 펩시를 능가하는 높은 점수를 받았으므로 코카콜라는 그 어느 때보다 자신 있었고 야심찬 기대감에 부풀어 있었는데, 기존 코카콜라 애용자로부터 불만이 쇄도하고 뉴코크를 반대하는 목소리가 높아지자 결국 원래의 맛으로 다시 변경했습니다.

최근 사례로는 일본 맥도날드가 '건강한 햄버거가 있으면 좋겠다', '채소 기반의 햄버거를 원한다'는 고객 의견을 반영하여 '채소가 듬뿍 든 프레시 버거', '저칼로리 베지터블 치킨 버거'를 개발했지만 전혀 팔리지 않았습니다.

이 사례들이 말해주는 것은 조사 결과를 액면 그대로 받아들여서는 안 된다는 사실입니다.

맥도날드 사례로 보면, 최근 건강에 대한 인식이 높아져 몸에 좋은 식품을 원하는 니즈가 증가하고 있으므로 소비자 조사를 하면 당연히 그러한 요망이 결과치로 나옵니다. 문제는 외식할 때, 게다가 건강한 음식을 먹으려고 할 때 고객에게는 맥도날드 외에 대안이 많다는 사실입니다. 그 같은 상황 속에서 맥도날드가 '건강'이라고 하는 키워드로 내놓는 상품이 강점을 발휘할 수 있을지를 먼저 살펴보아야 했습니다.

고객은 눈앞에 있는 것, 알고 있는 것밖에 말할 수 없고 본 적이 없는 것에는 반응할 수 없습니다. 지금은 아이폰을 애용하고 있는 사람이 많지만, 아이폰 발매 초기에는 "전화기에 음악 재생 기능이나 컴퓨터 기능이 있다면 어떻습니까?"라고 물었을 때 많은 사람들이 '모르겠다'고 응답했습니다. 실제 당시 업계 관계자들의 아이폰에 대한 평가는 매우 비판적이었으며, 아이폰이 기존 휴대폰의 개념을 바꾼 새로운 제안이라는 점은 인정했지만 "실패로 끝날 것이다"라고 장담했습니다.

우리의 지금까지의 경험에 비춰볼 때 고객이 말하는 것을 액면 그

대로 듣고 대응하는 것만으로는 새로운 것을 창출해 낼 수 없습니다. 고객 스스로가 알지 못하는, 언어화할 수 없는 잠재적인 불만이나 니즈, 심층 심리의 소리를 듣고 거기에서 구체적인 제품으로 이어지는 아이디어, 독보적인 편익을 발굴해 내야 혁신으로 이어집니다.

P 논점 8의 포인트

고객의 의견을 액면 그대로 받아들인다고 무조건 좋은 결과가 나오는 것은 아닙니다. 고객이 의견을 낼 수 있는 것은 지금까지 경험한 것이나 본 적이 있는 것에 한정되며, 새로운 제품에 관해서는 실제로 보고 체험하기 전까지 고객은 제대로 판단할 수 없습니다.

소비자 조사는 낭비다?

마케팅에서는 대규모 정량 조사로 트렌드를 읽거나 몇몇의 소비자를 모아놓고 심층적인 이야기를 듣는 등 다양한 조사를 하는 것이 기본 중의 기본입니다. 조사 결과가 첨부되어 있지 않은 마케팅 기획서는 언어도단이라고 상사에게 꾸지람을 듣게 됩니다. 하지만 조사 결과를 아무리 마케팅에 반영해도 성공 사례가 별로 없어 '조사는 비용 낭비다'라고 여기는 조사회의주의에 빠지는 사람도 있을 것입니다.

소비자 조사의 대부분은 표면적인 니즈를 구하는 설문으로 설계되기 때문에 얻을 수 있는 결과도 표면적이며 천편일률적인 것들입니다. 따라서 조사는 이미 알고 있는 것을 확인하는 것일 뿐이라는 생각을 하게 됩니다.

또한 조사 없이 자신의 느낌이나 감각을 근거로 아이디어를 내고 사업에 성공한 창업자들이 종종 "고객의 의견은 듣지 않는 것이 좋다", "소비자 조사는 필요 없다"라고 말하기도 합니다.

이 말을 진심으로 받아들여 자신의 감각이나 생각만 믿고 추진하면 성공하느냐 하면 그것이 또 그렇게까지 간단한 일도 아닙니다.

고객의 소리를 듣지 않는 것으로 유명한 인물이라면 스티브 잡스가 있습니다. 자신이 원하는 제품을 만들어 대성공을 거둔 그지만, 한편으로 전혀 팔리지 않았던 제품도 많이 만들었습니다. 2000년 여름의 'MACWORLD Expo'에서 그가 세상에 내놓은, 그의 미의식을 응축해놓은 듯한 'Power Mac G4 Cube'는 놀라울 정도로 팔리지 않았습니다. 잡스조차도 본인의 만족에 그쳐야 하는 제품이 있었던 것입니다.

　　회사 내부에서 '이것은 잘 되겠다'고 생각하는 대부분의 것은 고객이 생각하는 것과 동떨어진 것입니다. 예전에 어느 유통 기업의 PB 식품 개발회의에 참석한 적이 있는데, 이상하게도 제품타깃이 10~20대 여성인데도 불구하고 아무런 조사도 없이 그 자리에서 제품 이름이나 패키지를 결정하려는 40대, 50대 남성 사원들이 의사 결정자로 있었습니다. 그들은 누구보다 경험이 많고 숙련된 마케터들이지만 10~20대 여성의 마음을 끌 만한 이름이나 패키지를 제대로 알고 결정할 것이라는 생각은 들지 않습니다.

　　'이것은 잘 될 거야'라고 자신하던 아이디어가 소비자 조사를 해보면 최하위 점수를 받는 일은 자주 듣는 이야기입니다.

　　또 하나 예를 들면 '포켓몬 Go'라는 게임을 발매하기 전, 게임을 좋아하는 이용자에게 베타 버전을 사용하도록 하고 의견을 들은 결과 "이런 것은 게임이라고 할 수 없어. 포켓몬을 잡으려는 것뿐이잖아"라는 차가운 반응이 돌아왔습니다. 게임을 좋아하고 즐겨하는 사람일수록 게임으로서의 부족함을 느낀 것입니다. 그런데 우리가 알듯이 '포켓몬 Go'는 전 세계적인 돌풍을 일으켰고 수년이 지난 현재까지도 게임 랭킹에서 상위를 차지하고 있습니다. 게임 마니아가 열중해서 하는 복잡한 게임이 아니었기 때문에 오히려 게임을 별로 하지 않는 라이트 유저들이 즐길 수 있게 되어 히트작이 된 것입니다.

결론을 말하면 성공 확률을 올리기 위해 고객의 의견을 듣는 것은 틀림없이 유익합니다. 그 단계를 생략하고 자신의 생각만으로 추진했을 때 때로는 비싼 대가를 지불해야 할 수도 있습니다.

다만 질적 조사가 필요하다고 해서 일부러 비싼 비용을 들여 FGI를 할 필요는 없습니다. 우리가 추천하는 것은 주변 사람을 아홉 개의 그룹으로 분류하여 대략적인 경향을 보는 것입니다. 어느 제품을 알고 있는지, 사용하고 있는지, 사용하고 싶은지 등과 같은 간단한 질문을 하는 것만으로 그 사람이 아홉 개 그룹 중 어디에 해당하는지를 알 수 있습니다. 그 사람에게 무엇이 영향을 미치는지, 어떻게 하면 구입하고 싶다는 생각이 드는지를 그 자리에서 바로 들을 수 있기 때문에 가설의 힌트는 충분히 얻을 수 있습니다.

잘못된 조사 설계, 잘못된 조사 결과의 사용

모 기업에서 실행하고 있는 조사 방식을 볼 기회가 있었는데, 제품에 따라 조사 대상자의 연령, 성별 등의 조건이 바뀌고 해당 제품을 사용하고 있는 사람만 조사하는 등 매번 조사 대상을 다르게 설계하고 있었습니다. 더욱이 제품 카테고리에 따라 조사 설계가 천차만별이었습니다. 이렇게 하면 과거의 조사 결과와 비교하거나 카테고리를 넘어 고객 인사이트를 활용할 수 없습니다. 한 번의 조사로 알 수 있는 범위는 한정되어 있으므로 여러 번 조사를 하되 카테고리를 넘어 조사 대상이나 조사 방법을 통일하면 카테고리별 고객의 특징을 비교할 수 있고 카테고리 간 교차 가능한 인사이트를 발견할 수 있습니다. 트렌드를 보기 위해 일정 기간 지속적으로 데이터를 수집하여 시계열로 관측하는 것도 중요합니다.

최근에는 디자인 사고(design thinking)가 유행하고 있기 때문인지 소수의 대상자에게 심층적으로 이야기를 듣는 질적 조사를 많이 하고 있습니다. 그 자체는 나쁘지 않지만 거기에서 정말 유효한 이야기를 들을 수 있는지에 대해서는 의문입니다. 조사 대상자는 돈을 지불해야 오는 사람들이고, 자신이 관찰되고 있다는 것을 아는 상태에서 그들이 과연 진실을 말할 수 있을지는 의문입니다. 설사 당시에는 진실이라 해도 조사 상황이나 분위기에 따라 의식적으로 대답했을 가능성도 있습니다. 그 결과를 그대로 수용하면 현실과는 동떨어진 답을 내는 오류를 범할 수 있습니다.

제품 사용 경험자를 대상으로 하는 설문 조사에도 주의가 필요합니다. 사용 경험자를 대상으로 하는 조사이므로 얻을 수 있는 명확한 응답은 불만을 말하고 싶은 사람과 해당 제품을 좋아하는 사람의 응답입니다. 그 중간 영역에 있는 사람은 설문에 제대로 답해주지 않습니다. 좋은 말이 나오든 불만이 나오든 응답한 설문의 결과에는 바이어스(bias)가 있다는 것을 전제로 봐야 합니다.

이외에도 조사 결과의 잘못된 사용법으로서 "여덟 명 중 여섯 명이 긍정적으로 반응하므로 좋은 결과다"라고 결론짓는 경우입니다. 이는 통계적으로 아무 의미 없는 수치입니다. 애초에 그 여덟 명이 타깃층을 충분히 대표하는 것도 아니고, 그중 여섯 명이 좋다고 말했다고 해서 '대다수'라고는 볼 수 없기 때문입니다.

패키지의 A안이 70점이고 B안이 60점이라고 해서 70점인 A안을 선택하는 것도 문제가 있습니다. 60점과 70점은 통계적으로 의미 있는 차이가 아닐 수 있습니다. 그 경우 70점이라고 해서 매우 뛰어나다고 는 할 수 없습니다.

효과적인 조사 실행을 위해서는 정량적인 판단을 할 통계 지식과 정성적으로 심리 상태나 인사이트를 읽어내는 능력, 모두가 필요합니다. 실행 부서의 마케터와는 별도로 고객과 시장의 조사 전문 담당을 사내에서 육성하는 것은 계속적인 성장을 위해서는 매우 중요합니다. 외국계 기업은 마케팅 본부 안에 이러한 전문가를 확보하고 있습니다. 기업에는 마케팅 실행 전에 이 '숫자를 보는 능력'이 필요합니다.

P 논점 9의 포인트

고객의 의견을 가볍게 여기고 자신의 감각과 생각만으로는 고객에게 매력적인 제품을 제안할 수 없습니다. 마케팅 효과를 높이기 위해서는 소비자 조사가 수반되어야 하지만 단순히 조사만 하면 되는 것이 아니라 결과의 숫자를 제대로 통찰해 내는 능력이 필요합니다.

고객 여정 지도 customer journey map를 그리면 전략이 보인다?

고객의 행동이나 심리를 이해하기 위한 방법으로 최근에는 고객 여정 분석도 자주 활용되고 있습니다. 이는 특정 고객의 구매 전부터 구매 후의 행동을 시계열로 정리하고 각 접점별로 어떤 마케팅이 효과적일지를 검토하기 위한 것입니다.

그런데 거기에는 함정이 있습니다. 우선 고객 여정을 평균화된 고객, 기업이 바라는 고객상을 기준으로 한다는 것입니다. 평균화된 고객은 존재하지 않는 것과 마찬가지입니다.

고객 여정은 개개인에 따라 매우 다릅니다. 매장에서 충동적으로 구입하는 사람이 있는가 하면 백 번 보고도 구입하지 않는 사람도 있습니다. 애프터서비스를 높게 평가하는 사람이 있는가 하면 그런 것에 관심이 없는 사람도 있습니다.

그러면 어떻게 하면 좋을까요? 여기에서도 고객을 평균화하고 하나의 고객상을 상정하는 매스 사고를 피해야 합니다. 자사를 높게 평가해 주는 고객이 100명 있다면 고객 여정은 100가지 있습니다. 즉 제품을 알게 된 계기, 제품을 알게 된 경로나 매체, 테스트 사용을 해보게

된 계기, 구입하게 된 계기가 100가지 있다는 의미입니다.

하나의 고객 여정 지도를 그리고 이것이라고 결정할 것이 아니라 한 명, 한 명의 개별 지도를 그려야 합니다. 10명, 20명 그리다 보면 공통되는 사항, 즉 미디어 습관, 생활 습관, 인사이트 등이 보이게 됩니다. 그런 다음 누구에게(Who), 어떤 독자성이나 편익을(What), 어떤 방법으로(How) 제공하면 좋을지를 정하면 마케팅 전략의 정확성과 성공 확률은 한층 높아질 것입니다.

P 논점 10의 포인트

고객 여정 지도는 실재하는 고객 한 사람 한 사람에 대해 개별 작성되어야 합니다. 그런 다음 수십 명의 고객 여정 지도에서 보이는 공통 사항에 착안하여 누구에게, 어떤 편익을, 어떻게 전달할지에 대한 마케팅 전략을 모색해야 합니다. 상상의 고객 여정 지도를 만들어서는 안 됩니다.

Who, What, How를 어떤 순서로 논의해야 할까?

마케팅이라고 하는 용어를 많이 사용하고 있는데 그 정의나 이해는 매우 다양하며 일본뿐만 아니라 세계적으로도 일정하지 않습니다.

만들어진 상품을 판매하기 위한 방법(How)으로서 마케팅이 있다면 피터 드러커(Peter F. Drucker)가 정의하는 고객 창조로서의 마케팅, 즉 특정 고객(Who)이 가치를 느끼는 제품이나 서비스(What)의 개발과 조합의 통찰로 그 실현 방법(How)을 도출하고 계속적으로 비즈니스를 구축하는 광의의 마케팅도 있습니다. 드러커는 '마케팅은 영업을 필요 없게 하는 것'이라고 정의합니다.

스티브 잡스나 혼다의 창업주 혼다 소이치로(本田宗一郎), 소니의 창업주 이부카 마사루(井深大)와 모리타 아키오(盛田昭夫) 등은 후자를 실천한 사람들이라고 할 수 있습니다.

어느 쪽이 맞는지 틀린지를 논할 의도는 아니지만 다양한 기업에서 컨설팅을 하면서 느낀 것은 마케팅을 판매 촉진 활동이라고 여기는 경영자가 많다는 사실입니다. 제품, 타깃 고객, 영업 체제가 정해지고 난 다음 마지막으로 판매 방법으로서 마케팅을 생각하면 된다고 여기기 때문입니다. 경영자뿐만 아니라 마케팅을 담당하고 있는 사람들조차 그렇게 생각하는 사람이 많습니다.

그러나 코로나19의 영향으로 고객의 심리와 구매 상황이 변화하고 있을 가능성이 높은 지금, 가장 먼저 생각하지 않으면 안 되는 것이 지금까지의 Who와 What의 조합을 어떻게 할 것인지입니다.

앞으로도 유지하고 싶은 고객은 누구인지, 향후 유치해야 하는 고객은 누구인지, 그들에게 지금 제품의 제안 내용이나 편익은 맞는 것인지, Who와 What 조합을 바꿀 것인지 바꾸지 않을 것인지, 조합은 몇 가지인지, 각각의 비즈니스 규모감은 어느 정도인지 등 고려해야 할 것이 많습니다.

패션 업계를 예로 들면 코로나19로 오프라인 매장에서 구입하지 않게 된 고객(Who)에 대해 제공해야 하는 가치(What)는 무엇인가? 그것은 모든 고객에게 동일한 것인가? 그래도 매장에서 성립하는 Who와 What의 조합이 있는 것은 아닌가? 이런 것을 고려한 다음 이를테면 인터넷 쇼핑몰이라고 하는 방법이 맞는지를 판단할 수 있을 것입니다.

Who와 What의 조합을 정의하지 않는 한 아무리 방법을 논의해도 의미가 없습니다.

탁월한 제품을 제공하면
자연스럽게 팔릴 것이다?

많은 제품 중 마음에 드는 것을 발견하면 적극적으로 SNS를 통해 정보를 발신하는 소비자가 증가하고 있습니다. 따라서 만드는 입장에서는 좋은 품질의 제품을 만들기만 하면 반드시 누군가가 알아주고 입소문이 나면 제품이 잘 팔릴 것이라는 소망을 갖게 됩니다.

그러나 현실은 다릅니다. 아무리 품질이 좋아도 전혀 알려지지 않고 전달되지 않고 사라진 제품이 수없이 많이 있습니다. 아무리 좋아도 알려지지 않으면 존재하지 않는 것과 마찬가지입니다. 그러므로 전달하는 노력을 게을리해서는 안 됩니다.

식품 기업의 컨설팅을 하다 보면 "새로운 맛의 제품을 만들었습니다. 맛있으니까 잘 팔릴 것입니다"라는 말을 자주 듣습니다. 실제 맛있다고 해도 '맛있다'는 것만으로는 아무도 구입해 주지 않습니다. 맛있다는 것 외에 고객의 마음을 끄는 포인트가 무엇인지를 물어보면 담당자는 대답이 없습니다.

맛있다고 자신하는 신제품이 기존 제품이나 유사 제품과 무엇이 다른가? 어디에 독자적인 편익 가치가 있는가? 그것을 어떻게 고객에게 전달해서 알게끔 할 것인가? 등을 생각하면서 제품을 만들지 않으면 아무리 차별화된 훌륭한 특징이 있다고 해도 고객에게는 영향을 미치지 못합니다.

고객이 새로운 제품을 구입한다는 것은 다른 제품을 대체하든지 그 제품을 위해 새롭게 시간과 돈을 배분한다는 의미입니다. 그에 상응하는 가치=편익을 인지하도록 하지 않으면 고객은 움직이지 않습니다. 만드는 입장에서 좋은 제품을 만드는 것은 당연하며 구체적인 고객에게 독자적 가치=편익을 전달해서 좋은 제품을 인지하도록 하는 것이 출발점입니다.

> **P 논점 11의 포인트**
> 좋은 제품을 만들면 자연적으로 팔린다는 생각은 환상입니다. 그 제품이 구체적인 고객(Who)에 대해 어떤 독자성 있는 편익(What)을 제공할 수 있는지를 정하고, 무엇보다 그것을 인지시키는 것이 중요합니다.

　인간 심리의 본질을 이해해야 한다

"소비자 조사에서 이런 결과가 나왔으니 이렇게 해보자"라며 실행에 많은 비용을 투입했지만 별로 팔리지 않았다고 하는 경우를 자주 봅니다. 이는 소비자 조사가 도움이 되지 못한 것이 아니라 조사 설계에 문제가 있는 경우가 대부분입니다. 인간의 특성을 염두에 두고 질문을 설계하면 경향이나 인사이트를 얻을 수 있습니다.

인간은 자신의 행위를 정당화하도록 의식이 작동합니다. 예를 들어 대뇌생리학 실험에서 운다고 하는 감정을 맡고 있는 뇌의 부위에 전기 자극을 가하면 실제로 눈물이 나옵니다. 그 후 피험자에게 왜 우는지를 물으면 흥미롭게도 이런저런 이유를 말합니다. 전기 자극을 가한 것뿐인데 인간은 자신의 행위나 발생한 일에 대해 이유를 붙이고 싶어 합니다.

연애나 결혼 등의 행위도 그에 가깝습니다. 특별한 이유 없이 좋아하는 감정에 이끌려 시작한 그 행위에 대해 어느새 이런저런 이유를 붙이게 됩니다. 그것은 순수하게 상대의 장단점을 파악했다기보다 자신의 행위를 정당화하려는 의식이 작용하고 있기 때문일지도 모릅니다. 또한 어려운 환경에서도 인간이 살아갈 수 있는 것은 그 환경에 이유를 붙여 납득하고 소화하려는 힘이 뇌 속에 있기 때문입니다.

결국 제품이 팔리는 데에는 구입하는 사람에게 구체적인 편익이 있는지, 그리고 그 편익에 다른 제품이 제공할 수 없는 독자성이 있는지의 두 가지 요소만 있습니다. 그러나 소비자 조사에서 고객에게 구입 이유를 물어보면 나중에 붙여진 이유가 많습니다. 말하는 본인은 거짓말이 아니라 진심으로 그렇게 생각하고 있지만 실상은 뚜렷한 이유 없이 구입한 동기에 대해 전혀 다른 해석을 붙이고 있는 것입니다.

조사 설계의 정확성을 추구해도 고객은 결국 자신의 행위의 정당성을 위해 의식적으로 답을 한다는 것을 마케터로서는 이해해 둘 필요가 있습니다.

충성 고객이 원하는 것을 들어주는 것이 좋은 마케팅이다?

"자사가 제공하는 제품을 사랑해 주는 충성 고객이 가장 중요하며 그들의 요망을 최우선으로 존중해야 한다. 충성 고객이 이탈하지 않도록 해야 한다"라며 최선을 다해 충성 고객을 관리하려는 기업이 많이 있습니다.

이는 반은 맞고 반은 틀립니다. 충성 고객은 물론 중요한 존재이지만 영원하지는 않습니다. 항상 일정 비율로 이탈자가 나오게 되어 있습니다. 충성 고객만을 보고 마케팅 활동을 하면 언젠가는 한계점에 이를 것입니다.

어느 낚시 용품을 판매하는 대형 유통점 이야기입니다. 그 매장은 단골 고객에게는 매우 좋은 평가를 받고 있지만 신규 고객이 잘 영입되지 않는 고민이 있었습니다.

실제 매장에 가보면 들어서는 순간 비전문가는 잘 알지 못하는 전문가용 제품이 위용을 뽐내며 늘어서 있습니다. 굳이 제품에 대한 설명을 듣지 않아도 아는 단골 고객에게는 원하는 것이 다 있는 천국 같은 매장이지만 초보자에게는 마치 들어오지 말라고 하는 것처럼 느껴집니다.

이를 개선하기 위해 매장 입구 부근에 '전갱이를 낚을 수 있는 낚시 도구 세트' 같은 간단하고 알기 쉬운 설명문과 함께 제품을 진열했습니다. 믿지 못할 수도 있겠지만, 단지 그것만으로 신규 고객이 증가했습니다. 단골 고객만 너무 신경 쓰다 보면 신규 고객과의 적절한 접점을 가질 수 없게 되고, 전하고자 하는 메시지가 단골 고객에게만 이해되고 신규 고객에게는 영향력이 없는 내용이 되어 새로운 관계를 구축할 수 없게 됩니다. 열심히 충성 고객에게 집중하면 집중할수록 신규 고객은 멀어지게 됩니다.

충성 고객을 소중히 하면서 동시에 다른 고객에게도 자사가 제공하는 편익의 가치를 알 수 있도록 해야 합니다. 하나의 세그먼트로 좁히는 것이 아니라 복수의 세그먼트를 두고 각 세그먼트에 맞춰 적절한 접촉 방법을 시도할 필요가 있습니다.

P **논점 12의 포인트**

충성 고객만 너무 의식해서 신규 고객을 놓치고 있는 것은 아닌지, 또는 알지 못하는 사이에 신규 고객의 마음이나 시선에서 멀어지고 있는 것은 아닌지 돌이켜봅시다. 충성 고객은 일정한 비율로 이탈합니다. 고객층을 복수의 세그먼트로 분류해 각각에 대한 적절한 접근법을 모색하고 항상 새로운 고객을 만날 준비를 해야 합니다.

9세그맵

9세그맵(segs map)이란 어떤 고객이 어느 정도 있는지 고객 유형을 파악하기 위한 프레임입니다. 아홉 개의 세그먼트로 나누기 때문에 9세그맵이라고 부릅니다.

9세그맵은 두 개의 축으로 구성됩니다. 가로축은 인지·구매 실태에 따라 ① 충성 고객(고빈도·고액구매), ② 일반 고객, ③ 이탈 고객, ④ 인지·미구입 고객, ⑤ 미인지 고객의 다섯 개이며, 세로축은 향후 구입 의향의 유무입니다.

설문 조사를 통해 각 세그먼트별 추정 인원수를 산출할 수 있습니다. 대부분의 브랜드나 상품에서 인원수가 많은 것은 6(소극/이탈 고객), 8(소극/인지·미구입 고객), 9(미인지 고객)입니다. 6은 브랜드를 알고 있는데 사용할 의향이 없기 때문에 1(적극/충성 고객)이나 3(적극/일반 고객)에게 소구하는 메시지를 똑같이 전달해도 영향을 미치지 못하므로 다른 소구 방법을 검토해야 합니다.

1과 2(소극/충성 고객)는 둘 다 많이 구입해 주지만 1은 다음에도 동일한 브랜드를 구입하는 데 반해 2는 다른 브랜드로 옮겨가기 직전에 있는 고객입니다. 어떤 브랜드라도 2는 일정 비율로 존재합니다. 따라서 충성 고객이 있다고 해서 안심할 것이 아니라 시간과 함께 조금씩 이탈자가 나오는 것을 예상하고 있어야 합니다.

1과 2의 비율은 카테고리에 따라 꽤 차이가 납니다. 이를테면 캔 커피의 경우 1과 2는 9 대 1로 압도적으로 충성도가 높은 것이 특징입니다. 전자 결제 서비스는 어느 브랜드라도 2가 많고, 설사 충성 고객

미인지		인지			
구입 경험 없음		구입 경험 있음			
9 미인지 고객	**7** 적극 인지·미구입 고객	**5** 적극 이탈 고객	**3** 적극 일반 고객	**1** 적극 충성 고객	고 · 향후 구입 의향(브랜드 선호)
	8 소극 인지·미구입 고객	**6** 소극 이탈 고객	**4** 소극 일반 고객	**2** 소극 충성 고객	저
	없음(과거에 구입)	저	고		
	현재 구입 빈도				

자료: 『N1 마케팅: 1 대 1 맞춤형 팬덤 마케팅의 시대가 왔다(たった一人の分析から事業は成長する 實踐 顧客起点マ-ケティング)』.

으로 분류되어도 실제로는 어느 브랜드라도 상관없다고 생각하는 고객이 많습니다.

참고로 커피 이야기를 잠깐 하면, 커피는 100엔에서 1000엔대까지 다양한 가격대의 제품이 있습니다. 그중 편의점 커피는 100엔이라는 가격대의 커피를 제공하는데, 이 저렴함에도 불구하고 120엔 이상의 캔 커피를 구입하는 사람이 있습니다. 또한 같은 사람이라도 캔 커피를 마시고 싶을 때와 보다 높은 가격대의 커피를 마시고 싶을 때가 있습니다.

무엇을 원하는지는 그때그때의 욕구나 상황에 따라 바뀌기 때문에 '반드시 이것은 팔린다'고 장담할 수 없습니다. 이것이 마케팅의 어려움이며 또한 재미있는 부분이기도 합니다.

논점 13

B2B와 B2C는 다르기 때문에
동일한 마케팅 이론을 적용할 수 없다?

'일반 소비자를 대상으로 하는 B2C 마케팅은 다른 업종의 마케팅을 참고하거나 소비자 입장에서 느낀 점 등을 활용할 수 있겠지만, 법인을 대상으로 하는 B2B 영업에서는 B2C 마케팅은 적용되지 않는다'.

'B2B에서는 성능, 품질, 가격, 납기 등 상대가 중시하는 요소가 고정되어 있으므로 크리에이티브적 요소는 불필요하다. 마케팅의 본질은 똑같다고 말하지만 소비재 중심의 마케팅 이론으로 B2B를 하기에는 역시 무리가 있다'.

이렇게 생각하는 사람이 있을 것입니다.

이 논점에 대해서는 찬성과 반대의 두 가지 견해가 있으리라고 봅니다.

B2B(기업 간 거래)나 B2C(기업 대 개인 거래)는 둘 다 어떤 시책을 통해 상대의 마음이나 행동을 바꾼다는 의미에서는 동일한 원리가 작용합니다. 마케팅은 제품을 판매하는 것이라고만 생각할지도 모르지만, 인사부 담당자가 인사 시책을 바꾸면서 사원의 만족도가 올라가고 이직률을 감소시켰다면 그것은 타깃의 행동이나 심리를 바꾸었다고 하

는 의미에서 훌륭한 마케팅이라고 할 수 있습니다.

　B2C는 일반 대중을, B2B는 기업을 대상으로 하므로 마음을 움직이게 하는 포인트는 틀림없이 다르지만 적절한 시책을 도출하기 위한 고민 자체는 사실 크게 다르지 않습니다.

최종 고객을 염두에 둔다

B2B라고 해도 최종적으로 그것을 이용하는 C가 존재합니다. C에게 줄 수 있는 독자적인 편익, 다른 것으로는 대체할 수 없는 편익이 무엇인지 역산해 보면 B고객에게 무엇을 해야 하는지가 보입니다.

　따라서 B2B라 해도 최종 소비자인 C에 초점을 맞추는 것이 중요합니다. 예전에 헤어 케어 제품을 개발하고 미용실에 판매하는 회사의 컨설팅을 한 적이 있습니다. 이 회사는 B2B 고객인 미용사 등 관계자(전문가)의 의견을 듣고 제품을 개발했기 때문에 미용실을 이용하는 일반 고객은 해당 제품을 알기 어려웠습니다. 더욱이 패키지의 표기는 영어로만 되어 있고 팸플릿에는 제품 설명도 제대로 없이 이미지만 있을 뿐입니다. 물론 미용 분야이므로 보이는 이미지가 중요하지만 그것을 명확한 편익으로 연결하지 않으면 팔릴 리가 없습니다.

　그래서 실행한 것이 미용실 고객, 즉 일반 고객이 제품에서 어떤 편익을 느꼈는지를 확인하고 그것을 커뮤니케이션에 반영하기로 한 것입니다. 해당 상품을 사용해 본 고객은 '머릿결이 부드럽고 윤택해졌다'는 편익을 느끼고 있었습니다. 이에 따라 팸플릿을 비롯한 모든 커뮤니케이션 툴을 통해 '뷰티 살롱에서 케어받은 느낌'이라는 편익 가치를 알리기 시작했습니다. 그 결과 해당 제품은 더 많이 팔리게 되고 제품을 취급해 주는 미용실도 크게 증가했습니다.

이처럼 최종 고객 C를 중심으로 생각하면 B에 대한 전략이 보다 선명해질 수 있습니다. 이를테면 공작 기계 업체라면 건설 회사가 건축 현장에서 무엇을 만들고, 거기에 살 사람들이 누구인지를 생각해 보면 건축 현장의 니즈에 머물지 않고 또 다른 가능성이 보일 것입니다.

B2B 기업이 TV 광고를 하는 이유

의료 기기나 건축자재 등 일반 소비재와는 거리가 먼 기업의 TV 광고를 보고 대체 누구에게 팔려고 하는 것인지 이상하게 생각한 적이 있을 것입니다. B2B 기업이 집행하는 TV 광고는 대부분의 경우 채용 활동의 일환이라고 할 수 있습니다. B2B 기업은 일반적으로 인지도가 낮기 때문에 회사 이름을 널리 알리기 위해 TV 광고를 하는 것입니다.

다만 TV 광고는 저렴하지 않기 때문에 그다지 효율이 좋은 투자라고 할 수 없습니다. 그보다는 기본적인 마케팅 관점에서 생각하는 것이 좋습니다. 이를 테면 누가 자사를 지원해 주면 좋은지, 지원자에게 효율적으로 자사를 알리기 위해서는 언제, 어느 곳에서 세미나를 열거나 광고를 하면 좋은지, 세미나에서 어떤 이야기를 하면 좋은 회사라고 생각해 주고 응시해 줄지 등입니다. 이처럼 채용 활동도 Who와 What, How를 생각해야 하는 마케팅 활동입니다.

B2B 영역이라고 해서 B2C 마케팅이 적용되지 않는다는 생각은 매우 좁은 관점입니다. 눈앞의 고객만이 고객이 아니라 그 너머에 있는 최종 고객까지 시야에 두고 제공 가능한 편익과 독자성을 갖춘다면 B2B 영역에서 새로운 부가가치를 창출할 가능성이 있습니다.

3장

브랜딩에 대한 오해

논점 14

브랜드 인지도가 높고
브랜드 이미지가 좋으면 잘 팔린다?

'인지도가 높고 좋은 이미지를 갖고 있는 브랜드는 구입과 연결된다'고 여겨 브랜딩에 힘을 쏟는 기업이 많을 것입니다.

그럼 브랜드 이미지는 어떻게 형성될까요? 소비자는 우선 브랜드를 인지하고 자신에게 편익이 되거나 다른 브랜드에 없는 독자적 가치가 있다고 느끼면 구입을 고려합니다. 그리고 가격이 납득된다면 구입하고 사용해 보고 만족하거나 불만족을 느끼거나 합니다. 이 일련의 체험을 통해 해당 브랜드에 대한 평가와 이미지가 형성됩니다. 그리고 브랜드명, 아이콘, 디자인, 컬러 등의 '브랜딩 요소'는 해당 브랜드의 가치의 상징으로 기억됩니다. 이후 소비자가 다시 이 브랜딩 요소에 접촉하게 되면 이전에 체험한 편익과 만족감을 떠올리고 재구매합니다. 여기까지의 도식이 성립되어야 마침내 브랜드는 투자 효과가 높은 리마인더(reminder)로서 기능하게 됩니다.

그리고 해당 브랜드를 다시 체험했을 때 그 경험이 이전과 동일하거나 그 이상으로 좋으면 브랜딩 요소에 대한 기억은 강화되고 점점 충성 고객이 되어갑니다. 이것이 브랜딩의 본질입니다.

문제는 이 같은 체험 과정이 없는 신규 고객이나 구매 의사가 없는 고객에게도 충성 고객이 기억하는 브랜딩 요소를 똑같이 소구하면 신규 고객을 획득하거나 충성 고객으로 만들 수 있다고 착각하고 있다는 점입니다. 이를 '브랜딩 지상주의'라고 합니다. 제품의 편익을 체험하지도 않았는데 그 단계를 건너뛰고 브랜딩 요소만 전달한다고 구매로 이어지는 것이 아닙니다.

브랜드 이미지는 지속 구매와 구매 의지를 강화하는 데 중요하지만, 그것은 편익 체험에 대한 만족의 결과로 생성된 것이지 만족 자체를 생성하는 원인은 아닙니다. 원인과 결과의 혼동, 이것이야말로 브랜딩 지상주의가 가진 문제입니다.

해당 브랜드를 알고 있지만 구입하지 않는 사람은 그 브랜드의 편익 가치를 느끼지 못하고 구입하지 않겠다고 결정한 고객입니다. 그런 고객에게 브랜딩 요소를 내밀어도 그들은 관심을 갖지 않을뿐더러 이 브랜드는 자신과 관계없다는 생각을 더욱 갖게 할 뿐입니다. 몇 번이고 접촉하게 되면 구입 의향이 생길 것이라는 것은 기업의 기대일 뿐입니다. 이런 고객에게는 편익의 전달 방법을 바꾸거나 구입 계기를 바꾸어주지 않는 한 그들의 생각이나 행동은 바뀌지 않습니다.

브랜딩 요소의 강화는 항상 편익 체험이 동반되어야 합니다. 예를 들어 세븐일레븐의 자체 브랜드 '세븐 프리미엄'은 PB(Private Brand) 상품이지만 NB(National Brand) 상품보다 가격대가 높고, 특히 식품에서는 '맛있다, 만족스럽다'는 가치를 실현하고 있습니다. 프리미엄이라는 단어가 고가를 상징하는데, 실제 체험을 통해 그것을 편익으로 느끼지 못하면 아무리 프리미엄을 강조해도 이미지만 나빠질 뿐입니다. 더욱이 저가 이미지의 PB 상품이기에 편익 체험은 더욱 중요하게 작용합니다.

한편 대형 유통점 이온그룹의 PB 브랜드 톱밸류(TOPVALU)는 '좋은 상품을 저렴하게'라고 브랜드를 소개하고 있습니다. 그런데 실제로는 좋은 상품이라는 이미지보다 저가의 이미지가 더 강하게 형성되어 있습니다. 이것이야말로 체험을 통해 전달된 톱밸류의 진짜 편익인 것입니다.

결론을 말하면 브랜딩을 하면 팔리는 것이 아닙니다. 브랜딩이 될 만큼 강한 편익의 체험을 만들지 않으면 안 됩니다.

기업 이미지에 관한 오해

고객이 제품을 구입할 때 기업에 대한 신뢰를 근거로 구입하는 측면이 확실히 있습니다. 그러나 그것은 2차적인 문제이며, 기업 이미지 때문에 제품이 팔린다는 생각은 오해입니다. 1980년대, 1990년대 기업 아이덴티티(CI) 붐이 한창일 때는 대부분의 기업이 기업 브랜딩에 많은 투자를 했습니다.

기업 브랜딩이라고 하면 흔히 상위에 있는 기업 이미지를 좋게 하면 하위에 있는 제품의 매출에 긍정적 영향을 미칠 것이라는 잘못된 전제에 기초하고 있습니다.

고객 중심으로 보면 상위에 있는 것은 기업 이미지가 아니라 고객과 제품의 관계성입니다. 독자성과 편익 가치를 느낀 고객이 실제 구입하고 사용한 결과 만족감을 얻는다면 그것이 제품의 이미지가 되고

나아가 제품을 만든 기업 이미지로 연결되는 것입니다. 즉 기업이 하위에 있는 것입니다.

예를 들어 해외여행으로 방문한 나라에 대한 이미지는 그곳에서 어떤 체험을 했는지에 따라 결정됩니다. 음식이 맛있었다, 사람들이 친절했다 등 현지에서의 구체적인 체험에 의해 이미지가 형성됩니다. 그 나라가 관광객 유치를 위해 집행한 TV 광고가 매우 멋있고 흥미를 가질 만한 것이라고 해도 그것이 그 나라의 실제 이미지로 정착하는 것이 아니며 그 이미지 때문에 현지에서의 경험이 평가되는 것도 아닙니다. 그 반대입니다.

세상에는 기업 이미지와 상관없이 잘 팔리는 제품이 있습니다. 건강에 좋지 않다는 것을 알고 있어도 담배나 알코올음료 등은 지속적으로 판매되고 있습니다. 왜냐하면 그것을 맛보았을 때의 화학적 또는 물리적인 쾌감은 어떤 것에도 비할 수 없으며 부정적 이미지를 넘은 편익이 거기에 있기 때문입니다.

가장 중요하게 생각해야 할 것은 기업이 아니라 고객이며, 고객에게 어떤 편익이나 독자성을 어떤 제품에 넣어 제공할지를 우선하지 않는 한 기업 브랜딩은 아무런 가치도 창출하지 못합니다. 지금까지 기업은 조직 구조를 피라미드식으로 그렸습니다. 최상위에 경영층이 있고 그 하부에 본부, 부문, 현장의 순으로 내려가고 맨 하부에 고객이 있는 구조입니다. 이러한 구조는 애초에 잘못되었고 고객을 최상위에 두는 역피라미드로 발상이 전환되어야 합니다.

■■│││ **역피라미드 구조**

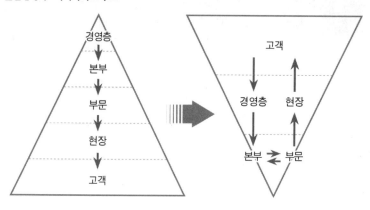

🅿 **논점 14의 포인트**

제품에 대해 긍정적인 체험을 한 고객은 브랜딩 요소(브랜드명, 컬러, 아이콘 등 해당 브랜드를 상기할 수 있는 요소)만 접해도 재구매로 이어질 수 있습니다. 하지만 브랜드를 알고 있지만 구입하지 않는 고객, 브랜드 이미지가 좋지만 구입하지 않는 고객에게는 브랜딩 요소가 아무런 영향력도 행사할 수 없습니다. 이런 고객에게는 브랜드의 편익 가치를 전달하고 어떻게 그 편익을 체험하게 할지를 생각해야 합니다. 단순히 인지도가 높다고 이미지가 좋다고 잘 팔릴 것이라는 생각은 착각입니다. 기존 고객 유지와 신규 고객 유치는 엄연히 다른 마케팅입니다.

브랜드 가치를 높이기 위해서는
세련된 디자인이 중요하다?

유명 디자이너가 세련되고 아름다운 제품 패키지를 만들어준다면 브랜드 가치가 향상되고 더불어 매출도 상승할 것이라고 기대하게 됩니다.

실제로 디자인은 매우 중요합니다. 왜냐하면 사람이 무언가를 좋아하는 요소는 인격, 스토리, 디자인 세 가지에 한정되기 때문입니다.

기능이나 성능만으로는 좋아하는 마음이 생기지 않습니다. 결혼 상대로 키가 크고 고학력, 고수입의 3고(高)가 있으면 좋다고 하지만 이는 전부 성능에 해당합니다. 선택의 요인은 되어도 좋아하게 되는 요인은 아닙니다. 즉 조건은 충족되지만 사람 자체는 좋아지지 않는 경우입니다. 그럼에도 무리하게 선택한다면 사랑 없는 결혼이지 않을까요?

사람은 스토리가 있는 것을 좋아합니다. 이를테면 '폐자재를 이용하여 만든 옷'이라는 스토리라든가 무인양품(無印良品)을 좋아하는 사람은 '필요 없는 것을 과감히 생략하고 편리성과 실용성을 추구했다'는 스토리와 그 심플한 디자인에 끌리는 것입니다.

반면 온라인 쇼핑몰 라쿠텐시장의 웹사이트는 정리정돈이 잘 안된 듯 매우 어질러진 인상이며 사방팔방에서 팝업창이 튀어나옵니다. 할인 매장 돈키호테는 잡다한 물건들이 좁은 통로 양쪽에 촘촘히 높게 쌓여 있습니다(이를 '압축 진열'이라고 합니다). 이른바 세련되고 스타일리시한 디자인과는 거리가 먼 경우입니다. 그러나 양사 모두 큰 성공을 거두고 지금도 사업을 계속할 수 있는 것은 그런 스타일을 뛰어넘는 편익 가치가 고객에게 있기 때문입니다.

세련된 디자인이나 유명 디자이너를 기용하면 브랜드 가치나 소구력이 상승할 것이라는 생각은 잘못된 것입니다. 좋아하는 것과 구입 의지는 반드시 일치하지 않습니다. 아무리 유명 디자이너가 손을 대어도 팔리지 않는 제품은 팔리지 않습니다. 인터넷에서 슬쩍 살펴보기만 해도 유명 디자이너의 실패작을 많이 볼 수 있습니다. 기존 제품을 세련된 디자인으로 변경해 호평을 받고 화제가 되어도 매출이 하락하여 '원래의 디자인으로 복귀했습니다'라는 사례는 과거에 많이 있었습니다.

우선해야 할 것은 제품이 고객에게 제공하는 편익과 독자성을 알기 쉽게 전달하는 일이며 그를 위해 디자인이 뒤따라야 합니다. 이 순서가 바뀌어서는 안 됩니다. 그리고 이를 실현하기 위해 제3의 누군가에게 맡기는 것이 아니라 자체적으로 생각할 것을 권합니다.

유명 디자이너의 크리에이티브를 기용하여 디자인성이나 예술성을 추구하는 것만으로는 매출이 상승하는 일도, 브랜드 가치가 높아지는 일도 없습니다. 자사 제품이 제공할 수 있는 구체적인 편익과 독자성이 먼저 전달되어야 합니다. 디자인은 그 다음 요소입니다.

브랜드 이미지를 지키는 것은
충성 고객을 위해서다?

충성 고객에게 제품에 대해 물어보면 '믿을 수 있다, 선진적이다, 품질이 좋다, 나에게 도움이 된다, 제품력이 있다' 등 긍정적인 이야기만 해줍니다. 이는 경영자나 마케팅 담당자를 매우 기분 좋게 하는 피드백입니다. 정성을 다해 만든 제품을 호의적으로 수용해 주었기 때문에 당연합니다. 그리고 충성 고객이 말하는 이미지가 해당 브랜드의 이미지이며 그것이 강점이라고 (실태와는 상관없이) 믿게 됩니다.

그러한 신념이 지나쳐 그 이미지를 지키는 것이 충성 고객을 지키는 것이라 여겨 아무것도 바꾸려 하지 않고 새로운 어떤 변화도 시도하지 않으려고 합니다. 이를 조장하는 것이 '브랜드 자산'이라는 뿌리 깊은 신앙으로, 브랜드가 가지는 무형의 자산 가치를 중시하는 사고입니다.

「논점 14」에서 말했지만 브랜드명, 아이콘, 컬러 등의 브랜딩 요소는 충성 고객이나 기존 고객으로 하여금 브랜드 경험을 효율적으로 상기하게 하는 효과가 있습니다. 그러나 이런 브랜딩 요소를 지킨다고 충성 고객이 그대로 유지되는 것은 아닙니다. 사람은 익숙해진 것에 애착을 가지고 습관을 형성하고 그것을 지키고 싶은 마음을 가지고 있으면서 동시에 동일한 것이 계속되면 싫증을 냅니다. 이 같은 속성 때문에 충성 고객은 일정 비율로 떨어져 나갑니다. 동일한 편익, 소구점, 이미지를 반복하면 안심, 대표성, 편익의 보증이라는 이미지가 강화되지만 신규 경쟁 제품이나 대체품과 비교했을 때 오래됨, 완고함, 진부함의 이미지도 강화됩니다. 우리도 과거에 '브랜드 자산'을 지나치게 존중해서 브랜드가 옴짝달싹할 수 없는 상황을 많이 경험했습니다.

그러면 빈번하게 바꾸는 것이 좋은가? 그런 단순한 이야기가 아닙니다. 해당 제품이나 카테고리의 특성, 고객의 습관, 브랜드가 제공하는 편익 가치가 무엇인지에 따라 정도의 차이가 있습니다.

흥미롭게도 고객은 자신이 사용하는 제품에 대해 새로운 편익 가치가 제공되면 사용하던 제품을 거절하는 경우와 변함없이 수용하는 경우가 있습니다. 자신이 느끼는 편익과 직접적인 관계가 없는 부가적인 가치라면 수용하는데, 편익과 직결되면 아무리 슈퍼 충성 고객이라고 해도 일정 비율로 이탈해 버립니다.

예를 들어 '멋있다'는 것을 이미지 가치로 내세우고 있는데 '예쁘다'는 새로운 이미지를 제안할 경우 제품에 따라 반응이 다릅니다. 화장품의 경우 고객은 오히려 신선함을 느끼고 해당 제품을 지속적으로 사용하게 되는 계기가 될 수도 있습니다. 하지만 패션의 경우 멋있는 것과 예쁜 것은 브랜드의 편익과 직결되므로 편익 가치가 바뀌었다고 여겨 충성 고객은 떨어져 나갑니다.

그 미묘한 선을 아는 것이 중요하며 그를 위해서는 편익과 직결된 가치가 무엇인지, 직접적인 관계가 없는 부가적 가치는 무엇인지 나누어 생각해야 할 필요가 있습니다.

폭넓은 연령대의 고객을 획득한 SK-II의 브랜딩

화장품은 모델의 이미지가 편익과 연결되는 경우가 많습니다. 이 때문에 애용하는 화장품이라도 모델이 바뀌면 이전과 같은 편익을 얻지 못할 것이라고 느끼고 이탈해 버리는 고객이 있습니다.

P&G의 SK-II가 바로 그런 경험을 했습니다. SK-II는 P&G가 맥스팩터(Max Factor)사를 인수하면서 얻은 브랜드로, 1990년대 초에 리뉴얼하여 출시했습니다. 당시 41세의 나이에도 동안 피부를 유지하고 있던 여배우 모모이 카오리(桃井かおり)를 모델로 기용, '도자기 피부'라는 카피가 어우러져 매우 가파른 속도로 매출이 상승하게 되었습니다.

그 뒤 타깃을 확장하여 젊은 세대의 유입을 위해 모델을 젊은 배우로 변경했는데, 모모이를 통해 편익 가치를 느끼고 있던 기존 고객은 광고 모델이 갑자기 젊은 여성으로 바뀌자 자신들의 편익과 거리가 멀어졌다고 여겨 이탈해 버린 것입니다. 다급해진 P&G는 급히 모모이를 등장시켜 젊은 모델과 병행하는 커뮤니케이션 전략으로 변경했습니다. 모모이가 편익과 연결되어 있음을 깨닫고 즉시 수정안을 낸 P&G의 신속한 대처는 탁월했다고 생각합니다.

여기서 질문. 만약 전형적인 브랜드 자산 이론에 따라 줄곧 모모이만 모델로 커뮤니케이션했다면 과연 SK-II는 더 큰 성장을 이룰 수 있었을까요? 아마도 판매는 둔화되고 고연령층에게 좋은 제품으로만 각인되고 말았을 것입니다.

SK-II는 젊은 층에게는 TV 광고를 통해 젊은 모델을 많이 노출시켰고, 기존 고객층에게는 팸플릿, 매장, 잡지 등의 매체를 통해 모모이를 노출시킴으로써 소구 방법을 분리했습니다. 이로써 충성 고객의 브랜딩 강화와 젊은 층의 신규 고객 유치, 나아가 브랜드 진부화를 피하는 효과를 거둘 수 있었고, 이러한 전략은 이후 SK-II를 세계적 브랜드로 성장시킨 발판이 되었습니다.

중요한 것은 어디까지나 고객 중심으로 전략을 생각하는 것, 고객을 한 덩어리로 묶어 생각하지 않는 것, 인지, 사용 경험, 구매 경험, 브랜드에 대한 태도 등으로 고객을 분류하여 전략을 세우는 것입니다. 그렇게 하면 같은 브랜드라도 주요 고객층마다 다르게 소구하면서 전체적으로 일관성을 잃지 않는 방법을 찾을 수 있습니다.

애플의 이미지는 계산된 것이 아니다

스타트업 경영자나 대기업 마케터와 이야기를 하면 애플 이미지 같은 브랜딩을 하고 싶다는 말을 자주 합니다.

애플은 미국 슈퍼볼 경기 때 집행한 IBM에 대항한 광고나 'Think different' 캠페인이 유명하지만 사실 그런 광고 때문에 제품이 팔린 것은 아닙니다. 물론 애플은 독창적인 광고를 통해 매우 깊은 인상을 남기기도 했지만, 광고가 없었다고 해도 팔렸을 것입니다. 시계열로 분석해 보면 애플의 매출과 주가는 독자성 있는 신규 제품 도입과 관련됨을 알 수 있습니다.

사실 스티브 잡스가 제안한 모든 제품이 세상에 받아들여진 것은 아닙니다. 고객이 애플 제품을 수용한 것은 다른 제품이 제공하지 않는, 이전에 없던 독자적인 편익 가치가 있는 제품이었습니다. 애플은 디자인에 앞서 성능 중심의 회사입니다. 현재의 혁신 이미지는 제품이 수용된 다음에 붙여진 것입니다.

고객을 움직이게 하는 것은 이미지보다 제품의 독자적인 편익입니다. 편익과 연관된 이미지를 일관성 있게 전달하고 있기 때문에 애플을 멋있다고 생각하는 사람이 많은 것입니다. 결국 이미지가 있기 때문에 성공하는 것이 아니라 제품의 독자성이나 편익이 중요하며 그것이 있으면 이미지는 따라 붙습니다. 그 주종의 관계를 오해해서는 안 됩니다.

P 논점 16의 포인트

충성 고객에게 생성된 이미지를 '브랜드 자산'이라고 여겨 맹목적으로 이를 지키려고 하는 것은 오히려 브랜드를 진부하게 만들 수도 있습니다. 물론 이미지가 대체 불가한 독보적인 편익 가치로 작용한다면 이야기는 다르겠지만, 대체로 이미지는 편익 가치를 견고히 해주는 부가적인 요소입니다.

사회 공헌 활동은 기업 이미지를 좋게 하고 매출도 상승시킨다?

CSR(기업의 사회적 책임), ESG(환경, 사회, 지배구조), 유엔의 지속가능한 개발 목표(SDGs) 등 기업의 이익뿐만 아니라 빈곤, 질병, 분쟁 등 인류의 보편적 문제 해결, 지구 환경을 배려한 활동을 중시하는 사고가 확산되고 있습니다. 이런 기류에 편승하면 기업 이미지가 좋아지고 매출이나 이익에도 긍정적 영향을 미칠 것이라고 여겨 이 같은 활동에 힘을 기울이는 기업이 많습니다.

사실 품질이나 성능으로는 좀처럼 차이를 두기 어렵고, 또한 제품보다는 그것을 제공하는 기업이 어떠한지가 더 중요한 시대가 된 것은 틀림없습니다. 마케팅 이론으로 유명한 필립 코틀러(Philip Kotler) 교수도 '마케팅 3.0'이라는 개념에서 기업의 사회 공헌 활동을 마케팅의 전략적 요소 중 하나로 들고 있습니다.

그럼 실제로 특정 회사가 좋은 회사라는 이유로 제품을 구입한 적이 있나요? 구입한 적이 있다고 해도 제품 체험이 만족스럽지 못했다면 다음에도 좋은 회사라는 이유로 구입할 수 있을까요? 물론 폐자재를 활용한 양복, 환경에 나쁜 소재를 사용하지 않는 화장품 등 지구 환경에 관한 숭고한 이념을 갖고 제품을 만드는 회사도 있습니다. 이럴 경우에는 그 이념에 공감하여 지속적으로 구입할 수도 있을 것입니다. 이렇게 태생적으로 사회 공헌에 깊이 관여하는 기업은 그것을 전면에 내세우는 것이 유효할지도 모르지만, 그렇지 않은 회사가 사회 공헌 활동을 한다고 해서 갑자기 이미지가 좋아지거나 매출이 상승했다는 이야기는 들어본 적이 없습니다.

매우 드물게 성공한 사례가 있습니다. 볼빅(Volvic)이 유니세프와 공동으로 진행한 '1리터 포 10리터(1L for 10L)'라는 캠페인입니다. 자사 생수 1리터를 구입하면 아프리카에 우물을 파서 깨끗하고 안전한 물 10리터를 현지인에게 공급한다는 내용입니다. 2005년 독일에서 출발하여 2007년 일본에서도 진행되었던 이 캠페인은 일본 내에서 엄청난 반향을 일으켰고 이는 곧 급속한 매출 증가로 이어졌습니다(2010년 전년 대비 134% 증가). 물처럼 차별화가 어려운 제품을 사회 공헌 활동과 연결한 것은 나름대로 유효했다고 할 수 있지만 이는 상당히 이례적이라 할 수 있습니다(볼빅은 2020년 말 일본 시장에서 철수하기로 결정했습니다).

사람이 무언가를 구입하는 이유는 갖고 싶어서, 맛있어 보여서, 편리해서 등 자신에게 편익이 있어서이며, 그것은 몇 백 년, 몇 천 년 전부터 변함이 없습니다. 구매 결정에서 공익성은 물론 좋은 영향력을 미칠 수 있는 요소지만 필수 요소인지, 고객에게 유효한지는 생각해 볼 필요가 있습니다.

이렇게 소구하면 팔리지 않을까 하는 것은 기업 관점입니다. 고객 입장에서 구입할 것인지를 물어보는 것이 중요합니다.

사회 공헌 활동의 효과

기업의 사회 공헌 활동이 가장 먼저 영향을 미치는 곳은 기업 내부입니다. 유행에 편승하거나 이미지 향상의 목적이 아니라 경영 신념으로서 사회 공헌 활동을 하는 것은 내부 직원이나 관계자에게 긍정적 영향을 미칠 수 있습니다.

실제로 사회 공헌 활동을 통해 조직 분위기가 바뀐 회사가 있습니다. 그 회사에서는 '우리 회사는 좋은 회사'라고 여기는 사람이 아무도 없었다고 합니다. 소비자에게는 브랜드 파워나 제품력을 강점으로 내세우지만 실제로 고객에게 제품을 구입하는 이유를 물어보면 접대용이나 할인 때문이라고 응답하는 사람이 많았습니다. 회사 내부에는 비리가 만연하고 기업 이미지를 실추시키는 행위도 하고 있었습니다.

이러한 대내외적 상황을 바꾸는 수단으로써 이 회사는 사회 공헌 활동에 힘을 쏟았습니다. 당시는 아직 사회 공헌이라는 것이 생소한 것이어서 대외적으로는 이를 차별화 포인트로 활용하고 대내적으로는 자사가 어떤 공헌 활동을 하는지 조직 구성원들과 지속적으로 정보를 공유했습니다. 3년 정도 지나자 타사보다 발 빠르게 사회 공헌 활동을 시작한 회사라는 인식이 형성되고 사회에 좋은 일을 하는 회사라는 자부심도 생겼습니다.

사회 공헌 활동을 기업 가치관으로 내세우는 것에는 이의가 없습니다. 이 사례처럼 중장기적으로 사원의 도덕성 향상, 애사심 고취 등에 기여할 가능성도 있기 때문에 바람직한 기업 활동이라고 생각합니다. 그러나 매출 등 단편적인 대가를 보고 실행할 일은 아닙니다.

사회 공헌 활동은 유행에 편승하거나 매출 상승을 목적으로 실행해서는 유익한 성과를 얻을 수 없습니다. 사회 공헌 활동을 시작하기에 앞서 자사가 매출과 관계없이 사회적 책임을 다하려는 의지가 있는지를 먼저 확인해야 합니다. 그럴듯하게 보이는 것은 일시적이며 매출에도 이미지 향상에도 영향을 주지 못합니다. 고객은 사회적 책임을 충실히 수행하는 기업을 높이 평가하지만 그렇다고 자신에게 편익 가치가 없는 제품을 구입하지는 않습니다. 고객이 무엇을 보고 구매해 주는지를 항상 생각해야 합니다.

논리로는 팔리지 않는다

사람이 물건을 구입하는 이유는 즐겁다, 갖고 싶다, 맛있을 것 같다, 편리하다 등 본능에 기초한 욕망 때문입니다. 이는 코로나19와 상관없이 예전에도 그랬고 이후에도 오랫동안 달라지지 않을 것입니다.

이번 코로나19를 계기로 테이크아웃이나 배달 서비스를 이용한 사람은 확실히 편리하고 나쁘지 않다고 여길 것입니다. 그와 동시에 가격이 그다지 저렴하지 않고 직접 가서 먹는 것에 비해 맛이 떨어진다는 것도 알게 되었을 것입니다. 물론 음식점에서도 질이 떨어지지 않도록 신경 썼겠지만 역시 직접 가서 먹는 것이 단연 맛있습니다. 향후 일상생활이 원래대로 회복되면 직접 가서 먹는 습관도 어느 정도 원래대로 돌아갈 것입니다. 맛있는 것을 먹고 싶어 하는 욕망은 변하지 않는 것이며, 코로나바이러스 같은 위험이나 공포에 대한 반응에서 발생한 새로운 습관은 오래가지 않습니다.

코로나19로 인해 힘들어하는 농가를 돕기 위해 산지 직송으로 채소를 구입하는 일도 초기에는 많았지만 지금까지 그렇게 구입하는 사람은 많지 않습니다. 왜냐하면 이 같은 사회적 사정으로 인한 응원 구매는 욕구가 아니라 논리이기 때문입니다. 욕구가 아니라 머리로 생각하는 구매는 장기간 지속되지 않습니다.

인간은 욕구나 감정으로 움직이는 존재입니다. 사람의 마음을 움직이고 결과적으로 행동을 바꾸는 것은 논리가 아니라 인간의 근원적인 욕구입니다. 그 부분에 접근하는 것이 불가결합니다.

브랜드가 제공하는 편익 가치는
일관성이 중요하므로 바꿔서는 안 된다?

'일관성이 없으면 브랜드 파워는 생성되지 않는다. 브랜드 편익 가치를 유지하기 위해 마케팅을 일관성 있게 지속해 가는 것이 브랜딩의 상식이다.' 마케터라면 이렇게 생각할 것입니다.

이에 대해 '일관성 있게 가야 합니다. 하지만 시대에 맞게 바꿔야 합니다'가 우리의 주장입니다.

브랜드는 사람이 무언가를 선택할 때 지침으로 삼는 것입니다. 브랜드에는 제품의 특장점, 이미지, 사회적 역할 등의 편익 가치가 담겨 있으며, 따라서 소비자의 구매 결정과 보증에 영향을 미칩니다.

그런데 만약 어떤 사람이 자신의 특기가 수영이라고 했는데, 어느 날 갑자기 바둑이 특기라고 말합니다. 또 어느 날은 그림이 특기라고 합니다. 이렇게 말을 자주 바꾸면 우리는 특기가 많아 부럽다기보다 '대체 어떤 사람이지?'라는 의문을 갖게 됩니다. '이 사람은 이런 사람이다'는 특징을 안다면 그를 대하기가 한결 쉬워집니다. 마찬가지로 브랜드의 편익을 인지시키기 위해서는 일관성을 유지할 필요가 있습니다.

그런데 환경이나 고객의 변화로 그 특징이 불필요해지거나 매력적이지 않게 되는 경우도 있습니다. 또한 동일한 소구를 반복하다 보면 이미지는 점점 올드해지고 브랜드 정체나 몰락을 불러올 위험도 있습니다. 이 때문에 브랜드를 리뉴얼하여 방향성을 바꾸거나 신선함을 주거나 다시 활력을 불어넣는 작업을 하는 것입니다. 애플이나 BMW 등의 로고를 보아도 시대에 따라 능숙하게 바꾸고 있는 것을 알 수 있습니다.

일관성을 유지하면서 변화를 주는 일을 잘 하는 브랜드가 '페브리즈'입니다. 페브리즈는 섬유 탈취를 시작으로 '탈취'라는 브랜드 편익을 유지하면서 방향제 제품을 출시하거나 섬유유연제 브랜드 다우니와의 협업을 통해 살균 기능을 추가하는 등 꾸준히 변화를 모색하고 있습니다. 그 결과 일본 가정의 60% 이상이 페브리즈 제품 하나씩은 사용하고 있을 정도입니다(누계 세대 침투율은 90%). 이후에도 차량용, 반려동물용·탈취제 등 포트폴리오를 지속적으로 확대하고 매출도 크게 성장했습니다.

일관성을 유지하면서도 올드해 보이지 않게 시대에 맞춰 능숙하게 조정해 가는 것이 중요합니다. 다만 주의해야 할 것은 힘들게 브랜딩을 해서 고가의 브랜드로 자리 잡았는데 지나치게 카테고리를 확장하면 가치가 떨어진다는 사실입니다.

프랑스 화장품 브랜드 입생로랑이 바로 그 예입니다. 입생로랑은 원래 패션에서 출발한 고급 브랜드였는데 브랜드 확장을 지나치게 해서 일용품에까지 로고를 붙이게 되자 고객에게 특별함을 줄 수 없게 되었습니다. 그 결과 높은 가격도 설정할 수 없게 되고 브랜드 이미지도 고급에서 멀어지게 되었습니다. 결국 브랜딩을 처음부터 다시 하지 않으면 안 되었습니다.

지나친 제약은 기업의 성장 가능성을 낮추게 된다

일관성을 경시해서 브랜드를 망가뜨리는 것도 곤란하지만, 일관성만 지나치게 고집해도 브랜드를 망가뜨릴 수 있습니다. 특히 기업 브랜드가 특정 이미지로 고정되면 거기에서 벗어날 수가 없고, 경영자도 다른 이미지로 바꾸는 것을 주저하게 됩니다.

기존 이미지를 지키기 위해 지나치게 제약을 두면 진입 가능한 카테고리가 좁아지고, 자사 이미지와 동떨어진 곳에 있는 신규 사업에 도전하고자 하는 의지가 점점 약화되기도 합니다. 그 결과 기존 카테고리 안에서 기존에 하던 것만 하게 되고 기존 제품의 리뉴얼 제품이나 저가 제품을 출시하면서 기존 비즈니스를 강화하는 것 말고는 할 수 있는 것이 없습니다. 스스로에게 부과한 제약으로 인해 만족시킬 수 없는 고객 니즈가 증가하고 세상의 환경이 변화할 때 방향 전환이 쉽지 않은 상태에 빠지게 됩니다. 이는 어쩌면 회사의 존속까지도 위협할 수 있습니다.

오래된 이야기지만 미국의 제너럴 일렉트릭(GE)사는 중공업뿐만 아니라 금융 사업까지 전개하는 등 사업 형태를 크게 바꾸어왔습니다. 잭 웰치(Jack Welch)가 CEO로 있을 때 '1위나 2위가 될 수 있는 영역에서 승부한다'는 유명한 원칙을 정했는데, 그 결과 GE는 한 분야를 고집하지 않고 새로운 사업 영역에 유연하게 진입하거나 철수할 수 있었습니다.

어느 시대에나 유연성은 매우 중요합니다. 코로나19 대응에서도 마찬가지로 "우리는 ○○업을 하는 회사다"라며 스스로를 제약해 버리면 새로운 것은 아무것도 할 수 없게 됩니다. 물론 무엇이든 다 하라는 것이 아니라 어디까지 선을 그을지, 미래의 가능성을 어디에 둘지는 기업의 의지에 달렸습니다.

P 논점 18의 포인트

브랜드가 제공하는 편익 가치는 중요하고 유지될 수 있도록 지켜야 합니다. 그러나 환경에 따라 그 편익이 필요 없거나 진부해질 수 있습니다. 브랜드 편익을 나타내는 브랜딩 요소 − 특장점, 디자인, 로고, 컬러, 이미지 등 − 는 시대나 상황에 맞게 변화되어야 합니다. 무엇을 일관성 있게 유지하고 무엇을 바꿔야 하는지의 기준은 고객에게 있습니다. 지금 제공하고 있는 자사 브랜드의 편익 가치가 지금의 고객에게 유용한지 점검해 볼 필요가 있습니다.

마케팅의 KGI와 KPI의 관계

컨설팅을 하다 보면 KGI(Key Goal Indicator, 핵심목표달성지표. 매출액, 이익률 등 최종 목표를 정량적으로 평가하기 위한 지표)와 KPI(Key Performance Indicator, 핵심성과지표. KGI를 달성하기 위한 각 과정을 정량적으로 평가하기 위한 지표)를 어떻게 설정해야 하는지에 대해 자주 질문을 받습니다. 이는 투자 효과를 살펴보는 지표이기도 합니다.

마케팅 활동의 결과로서 매출이나 이익을 원한다면 몇 명의 고객이 구입했는지, 구입 수량, 구입 빈도 같은 고객의 '행동'이 KGI입니다.

그 KGI에 가장 영향을 미치고 또한 마케팅 목표로서 관리 가능한 KPI를 설계할 필요가 있지만, 이 부분이 부적절한 경우가 매우 많습니다. 즉 KPI를 달성해도 KGI는 달성되지 않는 설계가 있습니다. 매출이나 이익을 창출하는 것은 고객의 행동입니다. 행동을 좌우하는 요소가 KPI가 됩니다.

다음은 마케팅에서 자주 KPI 후보에 오르는 몇 가지 항목입니다. 어느 것이 고객의 행동을 좌우하는 요소라고 생각합니까?

① 이 브랜드의 광고를 좋아한다: 고객의 평가
② 이 브랜드를 좋아한다: 고객의 평가
③ 이 브랜드는 멋있다, 신뢰감이 있다, 선진적이다, 고급감이 있다, 친구 같다: 고객의 평가
④ 이 광고를 본적이 있다: 고객의 인지
⑤ 이 브랜드를 다른 사람에게 추천한다: 고객의 의지

⑥ 이 브랜드를 알고 있다: 고객의 인지

⑦ 이 브랜드를 구입하고 싶다: 고객의 의지

이상적인 것은 브랜드를 알고, 브랜드를 좋아하고, 광고도 좋아하고, 브랜드 이미지도 좋고, 다른 사람에게 추천을 하고, 구입 의지가 있는 상태입니다.

그러나 이 모든 것이 성립해야 KGI(고객의 구매 행동)가 달성되는 것은 아닙니다. 극단적인 예로서 '이 브랜드는 좋아하지만 구입하지 않는다'는 고객과 '이 브랜드는 좋아하지 않지만 구입한다'는 고객이 있는 경우 어느 쪽을 중시하겠습니까? KPI를 브랜드 호감에 두어야 할까요, 아니면 구입 의지에 두어야 할까요?

고객의 행동을 좌우하는 것이 무엇인지, 즉 KGI로 연결되는 중요한 KPI가 무엇인지 정확히 알고 거기에 마케팅 투자를 해야 합니다.

4장

광고에 대한
오해

논점 19

인지도가 높으면 매출 상승으로 이어진다?

TV 광고를 집행하는 목적 중 하나는 브랜드명이나 제품의 인지도를 높이는 것입니다. 이 때문에 KPI를 인지도 상승으로 설정해 두고 그 변화에 일희일비하고 있는 마케터가 적지 않을 것입니다. 마케터는 인지도가 올라가 많은 사람에게 알려지게 되면 구입하는 사람이 증가하고 매출 상승으로 이어진다는 그림을 그리고 있는지도 모릅니다.

그러나 인지율 100%인 제품을 보유하고 있어도 안타깝게도 도산한 기업은 주변에 많이 있습니다. 인지와 매출 사이에는 단순 상관관계가 없으며, 자신의 구매 행동을 보아도 이름은 알지만 구입 경험이 없는 제품이 많을 것입니다. 평소 구입하는 제품 중에는 어느 회사가 만드는지 알지 못하는 제품도 있고, 일용품 같은 것은 일일이 뒷면을 보고 기업명을 확인하거나 하지 않습니다. 드러그스토어에서 판매하는 제품은 오히려 잘 알려져 있지 않아도 선뜻 구입합니다. 자신에게 어떤 편익 가치가 있는지가 중요하지 기업명이나 브랜드명이 상관없는 경우가 현실에서는 더 많은 것 같습니다.

그렇다고 높은 인지도가 전혀 의미 없는 것은 아닙니다. 이름이

인지되면 해당 제품을 소구할 때 수용성이 높아집니다.

코로나19로 외출을 자제하게 되었을 때 경험했겠지만, 이를테면 처음 음식을 배달 주문하고자 할 때 우선하는 기준은 아마도 평소 자주 이용하는 음식점이든지 이용한 적은 없지만 들어본 적이 있는 음식점이었을 것입니다. 즉 최초로 떠올리는 브랜드명, 이른바 TOM(Top of Mind) 3위 안에 들어가지 못하면 소비자가 실제 구입하려 할 때 고려 대상에 들어가지 못합니다. 고려 대상에 들어가기 위해서는 인지도를 높이고 구입이 발생할 때 상기될 수 있도록 만드는 것이 중요합니다.

특히 가전처럼 10년에 한 번 정도만 구입하는 카테고리일수록 더욱 그렇습니다. 그렇게 빈번하게 구입하지 않는 내구재임에도 기업이 꾸준히 TV 광고를 하는 것은 고객이 실제로 구입하려는 순간에 선택 후보에 들어가기 위함입니다.

하지만 인지도 획득만으로는 부족합니다. 가전 매장에서는 고객을 응대하는 직원의 추천도 중요합니다. 결국 인지도를 올리는 것도 중요하지만 판매를 위한 체제를 정비하지 않으면 팔리는 구도를 만들 수 없습니다.

> **P 논점 19의 포인트**
> 인지도는 고객이 구입을 고려할 때 영향을 미칠 수 있는 요소입니다. 하지만 인지도와 매출 사이에 단순 상관관계는 없습니다. 다만 인지도 상승과 함께 편익 가치가 잘 전달된다면 성과를 기대할 수 있을 것입니다.

트렌드는 늘 반영해야 한다?

일본에서는 수도인 도쿄(東京)의 집중 현상이 심하여 마케터들은 항상 도쿄에서 일어나고 있는 일을 예의주시하고 있습니다. 즉 수도권에서 주목받고 있는 트렌드를 재빨리 마케팅 활동에 반영하면 많은 사람들에게 수용되고 판매에도 좋은 영향을 미칠 것이라고 여깁니다.

물론 트렌드 발상지가 젊은 사람들이 많이 모이는 지역이나 직장인들이 많은 수도권에 대부분 몰려 있기는 하지만, 그렇다고 트렌드가 언제나 전 지역으로 확산되거나 하지는 않습니다. 최근 유명인들 사이에 '당분 제한' 식품이 트렌드로 부상하고 있는데, 이를 반영하여 제품을 출시한다 해도 성공을 보장받는 것이 아닙니다. 왜냐하면 대부분의 사람들은 맛있는 것을 먹고 싶어 하는 욕구를 가지고 있으며 일부러 일반 메뉴보다 비싼 돈을 지불하면서까지 저당의 메뉴를 먹고 싶다고 생각하는 사람은 전국적으로 보면 극히 소수에 불과하기 때문입니다.

이전에 맥도날드는 당시 화제였던 리얼리티 프로그램 '테라스 하우스'의 등장인물들을 모델로 기용하여 마치 그 프로그램처럼 보이는 광고를 제작한 적이 있는데, 사람들에게 인지되지 못하고 비싼 제작비만 낭비한 채 끝났습니다. 일부 사람들에게서 큰 인기를 끌었던 프로그램이었지만 지역 전체로 보면 반드시 그렇지만은 않았던 것 같습니다.

전국을 대상으로 비즈니스를 한다면 수도권의 트렌드가 전국적으로 확산될 가능성이 있는지 잘 살펴보아야 합니다. 제공하려는 제품, 광고, 커뮤니케이션이 북쪽 지방이나 남쪽 지방에서 생활하는 사람들도 이해할 수 있고 공감하는 것이 아니라면 많은 고객의 마음을 사로잡을 수 없습니다.

P 논점 20의 포인트

트렌드는 중요합니다. 새로운 트렌드를 선도할 여력이 없다면 현재 진행되고 있는 트렌드만 반영해도 고객과의 커뮤니케이션 질이 달라질 것입니다. 하지만 자사 비즈니스가 극히 일부 지역만을 대상으로 하고 있지 않다면 특정 지역, 특정 계층의 트렌드에 좌우되는 것은 피해야 합니다. 소구 내용과 그것을 수용할 고객층을 명확히 설정하여 그 고객들 모두가 이해할 수 있는 커뮤니케이션을 지향해야 합니다.

유명인을 모델로 기용하면 잘 팔린다?

인기 연예인이나 스포츠 선수, 아나운서 등 유명인이 광고에 출연하면 소비자는 관심을 갖게 되고 구입에 이르기도 합니다. 기업은 제품의 품질 보증, 편익 보증을 위해 유명인을 모델로 기용하는데, 그렇게 여길 뿐 사실 거기에 논리는 없습니다. 사람은 이성이 아니라 감정으로 구입하는 경우가 더 많고 유명인은 그 감정을 자극하는 역할을 하기 때문입니다.

그러한 심리를 이용하여 조악한 제품이지만 유명인을 광고 모델로 기용하여 잘 팔린 사례도 있습니다. 물론 공정거래위원회 등에서 규제를 하고 있지만 그래도 문제가 되는 사례는 끊이지 않습니다. 또는 환경을 배려하거나 사회 공헌 활동에 적극적이지 않더라도 유명인을 모델로 하고 있다는 사실만 어필해도 기업이 좋은 이미지를 갖는 경우도 있습니다. 유명인을 활용한 마케팅에 그러한 측면이 있는 것은 사실입니다.

하지만 유명인 모델이라고 해서 긍정적 효과만 있는 것은 아니며 오히려 역효과가 나는 경우도 있습니다. 인기인이기에 광고는 쉽게 알려지지만 제품 인지로 연결되지 않는 경우가 있기 때문입니다. 이른바 모델만 남고 제품은 사라진, 주객이 전도되는 상황인 것입니다.

또한 유명인이 출연하는 광고의 조사 결과를 보면 대부분 '광고를 보았다', '호감을 가진다' 등 광고 인지도와 호감도가 높게 나타나지만, 제품의 편익 가치가 메시지로서 남지 않는다면 고객의 구매 행동에는 영향을 미치지 못했다고 할 수 있습니다.

한때 전자 결제 서비스, 투자 신탁 등 금융계 기업들이 거물급 배우를 모델로 엄청난 물량의 TV 광고를 집행한 적이 있습니다. 광고가 멋있다는 인상은 남았지만 미안하게도 광고를 보면서도 어떤 서비스인지 전혀 인지하지 못했습니다. 독자 여러분도 비슷한 경험을 한 적이 있지 않습니까?

유명인 모델은 소비자의 눈길을 확실하게 사로잡는 데에는 압도적으로 유리한 방법이지만, 메시지가 제대로 전달되고, 구입하고 싶다, 사용해 보고 싶다는 생각이 들지 않는다면 효과를 누렸다고 할 수 없습니다. 무엇보다 특정 유명인을 기업을 대변하는 이미지로 삼고 자사의 모든 제품 카테고리에 활용하는 것만큼은 절대 피하라고 권하고 싶습니다.

우선은 전달하고 싶은 편익과 타깃 고객이 있고 그런 다음 편익을 타깃에게 전달하는 데 최적의 등장인물을 정하는, 이 순서를 지키는 것이 중요합니다.

왜 일본에는 유명인을 모델로 하는 광고가 많을까?

일본은 미국이나 유럽에 비해 유명인이 나오는 광고가 매우 많은데 거기에는 이유가 있습니다.

우선 대부분의 경우 광고 순위가 호감도로 정해집니다. 호감도나 인지도가 높은 광고들을 보면 유명인이 나오지 않는 광고가 없습니다. 호감도를 올리고 싶거나 광고상을 받고 싶거나 할 때 유명인을 기용하지 않으면 확률이 떨어지기 때문입니다. 광고 회사 입장에서도 유명인을 모델로 광고하는 것이 유리하므로 이를 적극 추천합니다. 하지만 안타깝게도 광고 호감도와 광고상 수상은 많은 경우 제품 성장과는 상관이 없습니다.

TV 광고는 매우 큰 투자이므로 가능한 한 광고를 집행하기 전에 그 광고가 막대한 비용을 들여 집행할 만한지 확인할 것을 권합니다. TV 광고를 적극적으로 활용하고 있는 가오(花王), 시세이도(資生堂), P&G 등의 기업은 사전에 사내에서 광고 효과를 측정하고 일정 기준을 넘지 않으면 광고를 집행하지 않는다는 원칙이 있습니다.

가장 이상적인 것은 유명인을 기용하지 않고 제품의 독자성과 편익의 소구만으로 크리에이티브가 돋보이는 광고를 제작하는 것입니다.

물론 그런 다음 유명인을 잘 활용한다면 더욱 높은 효과를 기대할 수 있을 것입니다. 그러나 유명인의 모델료는 수천만 엔, 경우에 따라서는 1억 엔 이상 드는 경우도 있습니다. 마케팅 예산이 동일하다면 모델료보다 매체 노출 횟수를 늘리는 데 예산을 투입하는 것이 압도적으로 커뮤니케이션 효과가 올라갑니다. 아무리 좋은 광고라 해도 전달량이 적으면 효과를 기대할 수 없습니다. 정말 인지도를 올리고 싶다면 그에 상응하는 노출 횟수가 필요하며 그 양을 줄여서까지 유명인을 기용하는 의미가 있는지 숙고해 보아야 할 것입니다.

P **논점 21의 포인트**

유명인을 모델로 기용할 때 얻을 수 있는 득과 실을 잘 따져야 합니다. 경쟁사가 유명인을 기용했다고 무조건 따라하다 보면 나중에는 모델 싸움만 될 뿐, 제품에는 어떤 긍정적 영향도 미치지 못합니다. 유명인을 모델로 기용했다고 만족할 것이 아니라, 광고 호감도 점수가 높게 나왔다고 만족할 것이 아니라, 정말 제품의 내용이나 편익이 잘 전달되었는지를 기준으로 광고를 평가해야 합니다.

SNS에서 입소문이 나면 매출이 오른다?

SNS에서 입소문이 났을 때는 매출로 이어지는 경우와 그렇지 않은 경우로 나뉩니다. 대부분 후자가 되는 이유는 입소문의 포인트가 제품의 편익, 구입 이유로 이어지지 않기 때문입니다. 예를 들어 어떤 식품이 '맛있다'는 입소문이 나면 다른 사람도 먹고 싶다, 구입하고 싶다는 생각이 들고 그것은 곧 매출로 이어질지도 모르지만, 본래의 편익과는 전혀 다른 부분에서 반향을 일으키는 경우도 많습니다.

맥도날드에서 '뉴 햄버거 이름 짓기' 캠페인을 진행했는데, 캠페인 시작과 동시에 2주 동안 무려 200만 건 이상의 응모가 있었습니다. 그런데 이런 폭발적인 반응에도 불구하고 판매는 그리 드라마틱하지 못했습니다. 왜냐하면 햄버거를 구입하지 않아도 아이디어만 있으면 응모할 수 있었기 때문에 이 캠페인은 해당 햄버거의 맛을 체험할 수 있는 계기로 이어지지 않았고 구매로도 이어지지 않았던 것이었습니다. 맥도날드는 이 일을 경험 삼아 이후에 입소문을 의도할 때에는 입소문의 포인트가 제품 특징으로 이어지도록 하고, 또한 소문만 나고 끝나버리는 것이 아니라 구매로 이어지도록 장치를 마련했습니다.

포켓몬이 유명하다고 해서 '포켓몬 GO' 게임도 화제가 되고 사용자가 증가하는 것은 아닙니다. 포켓몬이 아니라 포켓몬 GO만의 재미가 있고 이것이 알려져 소비자로 하여금 행동하게 해야 효과가 나오는 것입니다.

지금 시대는 재화가 넘쳐나는 시대이므로 무언가를 구입해 주기 원한다면 화제성이 중요한 요소로 작용합니다. 제품이 입소문이 나면 인지에도 판매에도 도움이 되는 것은 사실이나 소문의 대상은 해당 제품과 관련성이 있어야 하며 최종적으로는 매출로 이어져야 합니다.

인플루언서보다 친구 네트워크가 강력하다

자사 SNS에 팔로워 수가 많은 것은 온드 미디어(owned media)로서 매우 의미가 있습니다. 팔로워 수가 5만 명이냐 50만 명이냐의 차이는 자사 메시지를 널리 퍼트려 줄 수 있는 인원수가 10배나 차이가 난다는 뜻이기 때문입니다.

인플루언서를 마케팅에 활용할 경우 해당 인플루언서의 팔로워 수가 많으면 많을수록 좋다고 알려져 있습니다. 만약 500만 명의 팔로워가 있다면 도달 범위가 넓은 것은 확실합니다. 다만 그 인플루언서가 정말 바람직한 형태로 자사 제품을 소개해 줄지는 의문입니다. 또한 팔로워도 자신이 팔로우한 인플루언서가 소개하기 때문에 '좋아요'를 클릭할 뿐 제품의 장점이나 가치를 제대로 살펴보지 않을 수 있습니다. 유행하고 있어서, 단지 유명인이기에 팔로워 수가 많은 것은 아닌지, 팔로워가 많아도 영향력은 사실 매우 한정적이지 않은지 등을 신중하게 확인할 필요가 있습니다.

일본의 인플루언서는 팔로워 수가 많아야 수백만 명 정도입니다. 게다가 메시지의 도달이나 확실성 측면에서 보면 인플루언서의 추천은 기존 광고매체에 필적할 수 없습니다. 인플루언서가 콘텐츠를 업로드할 때마다 팔로워가 그 콘텐츠를 매번 보는 것이 아니라 놓치는 콘텐츠도 꽤 많습니다.

이 때문에 맥도날드나 포켓몬 GO는 유명 인플루언서를 마케팅에 거의 활용하지 않습니다.

왜냐하면 이미 자사 제품이나 서비스를 애용하고 있는 고객이 많고, 그들로 하여금 구입하기 잘했다, 맛있다, 재미있다 등의 사용 후기가 나오도록 품질을 더 고민하거나 멋진 체험을 할 수 있는 마케팅을 전개하면 유명 인플루언서에 의지하지 않아도 고객 스스로 정보를 퍼트려 주기 때문입니다.

그런 의미에서 보면 제품이나 서비스에 대한 정보 발신은 마케팅이나 광고 부서만의 일이라고 생각하는 것은 시대에 맞지 않습니다. 지금은 개개인이 SNS 계정을 가지고 있는 시대입니다. 만약 100명의 사원이 있고 한 명당 100명의 SNS 친구를 두고 있다면 단순하게 계산했을 때 결과적으로 1만 명에게 정보를 전달할 수 있는 셈입니다. 마케팅 부서나 광고 부서에 소속되어 있지 않아도 사원은 인플루언서로서 중요한 자원입니다.

예전에 어느 기업으로부터 '앱 이용자 확대'라는 과제를 받았을 때, 해당 앱을 사용하는 사람 중 70%가 앱을 지속적으로 사용하고 있다는 것에 주목하여 프로젝트 구성원 10명으로 하여금 매일 자신의

SNS에 해당 앱을 소개하고 다운로드를 유도하도록 하는 가장 원초적인 방법을 쓴 적이 있습니다. 이렇게 해서 신규로 앱을 체험한 사람 중 70% 정도가 남아준다면 어중간한 기능 개발이나 광고에 자금을 투입하는 것보다 훨씬 저렴하고 실효성 있는 방법이라고 생각했습니다.

한편 독자 여러분은 인플루언서가 소개하는 제품은 구입하지 않지만, 특정 사이트의 추천 기능을 통해 소개된 제품은 구입한 경험이 있지 않나요? 아마존의 별표나 다베로그(食べ口グ)*의 점수를 참고하는 이유는 많은 사람이 좋다고 했고 그래서 왠지 안심이 되기 때문입니다. 그 별이나 점수가 조작이라는 것도 알려져 있는데도 말입니다.

그렇기 때문에 사실 가장 신뢰할 만한 것은 가족이나 친구가 추천해 주는 것입니다. 광고로 활용되는 유명 인플루언서보다 평점을 조작하는 아마존이나 다베로그보다 가족이나 친구의 추천이 압도적으로 강한 영향력이 있다고 할 수 있습니다.

P 논점 22의 포인트

SNS에서 입소문이 났다고 좋아하기 전에 입소문의 포인트가 제품인지 아니면 그 밖의 재미 요소인지를 파악해야 합니다. 재미 요소가 입소문의 근원이라면 그것이 제품의 편익, 구입하고 싶은 이유로 이어지도록 다시 설계해야 합니다.

---

* 맛집 리뷰 사이트.

논점 23

유명 크리에이터에게 맡기면
좋은 콘텐츠가 나온다?

소위 잘 나가는 크리에이터에게 콘텐츠 제작을 맡기면 큰 반향을 불러올 것이라고 기대합니다. 유명 디자이너에게 패키지 디자인을 맡기는 것과 같은 심리입니다.

유명 크리에이터를 기용하면 경영진 등 의사 결정자를 설득하기 쉽습니다. 여느 때라면 이런저런 까다로운 요구 사항을 늘어놓을 상황인데 "ㅇㅇ크리에이터는 이것이 좋다고 합니다"라고 말하면 히트작을 만드는 명인이 도장을 찍어주는 격이므로 쉽게 안을 통과시켜 줍니다.

하지만 유명 크리에이터가 참여해서 만든 것이라 해도 그다지 판매에 도움이 되지 않았던 콘텐츠는 수없이 많습니다.

이는 크리에이터의 문제도 있지만 대부분의 경우 발주하는 클라이언트에게도 문제가 있습니다. 어떤 고객 니즈나 인사이트가 있는지 제대로 규정하지도 않고, 전달하려는 내용도 막연한 채 크리에이터에게 모든 것을 맡겨버립니다.

크리에이터 역시 완성된 콘텐츠가 엔터테인먼트적으로 재미있고 그것으로 광고상을 받거나 입소문이 나면 매출로 이어지지는 못해도 클라이언트로부터 어느 정도의 평가를 받을 수 있으므로 그러한 점을 문제 삼거나 하지 않습니다.

한때 스토리텔링이 돋보이는 시리즈 광고가 유행했던 적이 있습니다. 스토리텔링 광고는 감성을 자극하기 때문에 지금도 여전히 많이 활용되는 광고 기법입니다. 보는 사람으로 하여금 다음 전개에 대한 궁금증을 유발하고 그래서 이슈가 되기도 하지만, 어느샌가 조용히 사라져버렸습니다. 그것은 결국 제품의 편익이나 독자성 등의 메시지가 제대로 전달되지 못하고 구매 행동으로 이어지지 않았기 때문이라고 생각합니다.

여기서 알아야 할 것은 크리에이터, 광고 회사, 클라이언트는 애초에 각자의 KPI가 다르다는 사실입니다. 물론 모두가 말로는 판매가 주목적이라고 하지만, 크리에이터의 본심은 광고상을 받고 싶고 호감도 상위권에 들어가고 싶어 합니다. 광고 회사는 클라이언트가 제작비나 매체비를 많이 써주기를 원합니다. 클라이언트는 되도록 비용을 들이지 않고 제품이 팔리기를 원합니다.

이렇게 각자의 KPI가 다르다는 것을 인정하고서 유명 크리에이터를 기용한다면 그에게 모든 것을 맡기거나 그의 제안을 무작정 수용하는 등의 태도는 피해야 합니다.

크리에이터에 반응하는 것은 소비자가 아니라 유통 관계자

많은 유명 크리에이터와 일을 해본 경험상 그들을 통해 얻을 수 있는 효과가 사실상 그다지 크지 않음을 알게 되었습니다. 소비자들은 디자인이나 광고가 유명인의 손에 의한 것인지 어떤지 그 차이도 모르고 신경도 쓰지 않습니다.

게다가 유명 크리에이터는 자신의 아이덴티티를 유지하려 애쓰고 일도 많이 들어오기 때문에 클라이언트의 요구를 반영하지 않는 경우가 비일비재합니다. "나는 이게 좋습니다"라고 단언하면 클라이언트도 광고 회사도 반론하지 못하고 결국 초점에서 벗어난 엉뚱한 작품이 나오는 경우도 적지 않습니다.

정말 만들고 싶은 것이 있다면 유명 크리에이터는 피하라고 권하고 싶습니다. 그들에게 지불하는 비용이 정말 성과를 내는 가치 있는 지출인지, 그 금액을 매체비 등 다른 곳에 사용한다면 더 좋은 효과를 거둘 수 있는 것은 아닌지 등에 대해서도 검토해야 합니다.

그런데 소비자와 달리 유통 관계자들은 유명인 기용을 주목해서 봅니다. 연예인이나 크리에이터를 기용한 광고가 집행되었다고 하면 소매점이나 판매 파트너는 해당 제품이나 광고를 크게 다루고 매장의 눈에 띄는 위치에 제품을 진열하기도 합니다.

그러면 제품 노출이 증가하고 잠재 고객이 해당 제품을 만날 확률이 올라가기 때문에 단기적으로 매출이 증대합니다. 하지만 이런 경우는 매장 노출이 줄어들면 매출도 즉시 떨어집니다. 결국 유명 크리에이터의 활용은 소비자가 아닌 유통 채널의 반짝 이벤트로 끝나게 됩니다.

콘텐츠를 누가 만드느냐가 중요한 것이 아니라 어떻게 하면 고객에게 자사 제품의 편익 가치를 잘 전달할 수 있을까를 생각해야 합니다. 유명 크리에이터는 그 수단으로 사용되어야지 유명 크리에이터 자체가 목적이 되어서는 안 됩니다.

논점 24

동일한 마케팅을 지속하는 것은
마케터의 태만이다?

일본의 위장약 시장은 매년 축소되고 있습니다. 그렇기 때문에 많은 위장약 브랜드는 젊은 세대를 영입하지 않으면 상황이 더 악화될 것이라 여겨 패키지, 광고 메시지, 모델 등 다양한 변화를 시도하고 있지만 안타깝게도 그것만으로는 시장에 긍정적 흐름을 만들지는 못하고 있습니다.

그런데 이렇게 위장약 브랜드들이 자체 변화로 돌파구를 모색하고 있는 가운데 유독 한 브랜드만 몇 십 년 넘게 이어오고 있는 제품 패키지, 라인업, 광고 메시지 등을 바꾸지 않고 기존 스타일을 유지하고 있습니다. 시장 전체가 위축되는 상황이라 그 브랜드 역시 성장은 하지 못하지만 시장 전체와 비교했을 때 해당 브랜드의 하락폭은 매우 낮습니다. 이는 소구 포인트를 필요 이상으로 바꾸지 않고 또한 시장 상황과 상관없이 꾸준한 커뮤니케이션으로 충성 고객을 유지하고 있기 때문입니다.

다른 브랜드는 제품 라인업을 늘리거나 패키지를 바꾸거나 소구 포인트도 자주 바꾸기 때문에 기존 고객마저 자신이 사용하는 브랜드를 알아보지 못하게 되는 경우도 있습니다.

광고의 중요한 역할은 인지도를 높이는 것만이 아닙니다. 기존 고객으로 하여금 광고를 보고 제품을 떠올리고 다시 구매하게 하는 리마인더로서도 중요한 역할을 합니다. 패키지, 소구 내용, 모델 등을 지나치게 자주 바꾸면 해당 브랜드와의 연관성이 떨어지고 TV 광고를 봐도 브랜드를 떠올리지 못합니다. 그 결과 충성 고객을 필요 이상으로 잃고 신규 고객도 유치하지 못하게 됩니다. 이것이 위장약 시장이 하향세를 그리고 있는 이유 중 하나가 아닐까요?

기발한 광고로 신규 고객과 기존 고객을 동시에 사로잡은 닛싱식품의 컵누들 광고

광고를 만들 때 신규 고객 획득인지 기존 고객의 이탈 방지인지, 그 목적을 명확히 한 다음 소구 내용이 적합한지를 검토하는 것이 중요합니다.

신규 고객 획득과 기존 고객 리마인드, 하나의 광고로 이 두 가지 목표를 달성한 브랜드가 닛싱식품의 컵누들 광고입니다. 컵누들은 재미와 화제성이라는 분명한 목적을 두고 강렬한 크리에이티브를 추구하고 있는데, 이것이 결과적으로 신규 고객과 기존 고객의 마음을 동시에 사로잡는 요인이 되었습니다.

최신 트렌드를 반영한 컵누들 광고는 기발한 크리에이티브로 젊은 세대의 흥미를 끕니다. 물론 신규 고객은 즉시 구입하지 않습니다. 하지만 크리에이티브가 강렬하게 뇌리에 박히고 제품도 기억 속 어딘

가에 남게 됩니다. 그 후 매장에 가서 제품을 발견하고 구입을 하게 되면 이로써 신규 고객이 영입되는 것입니다. 기존 고객 입장에서는 광고보다 거기에 비치는 패키지의 로고가 강렬한 리마인더 역할을 합니다. 한눈에 컵누들이라는 것을 알기 때문에 역시 구입하게 됩니다.

　다만 여기서 주의해야 할 것은 크리에이티브의 기발함이 지나치거나 엔터테인먼트 요소가 강하면 신규 고객은 제품을 기억하지 못하고 기존 고객은 리마인드하지 못하기 때문에 '적절함'을 신경 써야 합니다.

> **P 논점 24의 포인트**
>
> 브랜드에 변화는 필요합니다. 하지만 지나친 변화는 오히려 고객에게 혼선을 줄 수 있습니다. 특히 메시지의 잦은 변화는 브랜드에 신선함을 주기보다 정체성을 혼란하게 하는 경우가 더 많습니다. 기존 고객에 대해서는 브랜드를 떠올리게 하고, 신규 고객에게는 브랜드를 인지할 수 있도록 목적성에 맞게 마케팅을 생각해야 합니다. 물론 동시에 두 고객층을 아우를 수 있는 최적의 마케팅이라면 두말할 필요가 없겠죠?

제품을 먼저 만들고
그 다음에 전달 방법을 생각하면 된다?

컨설팅을 할 때 항상 문제점으로 느끼는 것 중의 하나가 제품을 개발한 개발자가 마케팅 회의에 참가하지 않고, 고객을 잘 아는 마케터가 제품 개발 회의에 참가하지 않는다는 사실입니다. 제품 개발 부서가 "이런 제품을 만들었습니다. 이제 팔아주세요"라고 바통을 마케팅 부서에 넘기면 마케팅 부서는 개발자가 누구를 위해(Who), 제품의 무엇을(What) 팔려고 한 것인지 그 의도를 모른 채 어디에 광고를 할지 매체부터 검토를 합니다. 그러다 생각지도 못한 문제에 부딪히게 됩니다.

모 음료회사의 제품 개발 부서가 커피콩 품종을 고급으로 상향 조정하여 기존 제품보다 업그레이드된 프리미엄 커피 음료를 개발했습니다. 이어서 마케팅 부서에서 해당 제품의 광고를 검토하던 중에 이 프리미엄 제품은 기존 제품인 블렌드 커피의 10% 정도밖에 매출이 나오지 않는다는 영업 부서의 시뮬레이션 결과가 나왔습니다. 기존 제품의 대체품으로 제품을 개발했지만 광고를 해도 전체 매출에 미치는 영향이 매우 작을 것으로 예측되었기 때문에 결국 광고는 물론이고 제품까지 생산 중단을 결정하게 되었습니다. 제품 개발 전 시장성에 대한 논의가 충분히 이루어지지 않은 탓에 개발 노력이 물거품이 되어버렸습니다.

제품은 팔리지 않으면 의미가 없습니다. 마케팅 부서와 제품 개발 부서가 제품의 기획·설계 단계부터 누구에게, 무엇을 어떻게 전달할 것인지, 또 출시 후의 성과까지 함께 논의한다면 팔리는 제품을 개발할 수 있을 것입니다.

P 논점 25의 포인트

완제품을 판촉하는 것이 마케팅의 전부가 아닙니다. 만들어진 제품을 잘 전달하고 잘 팔리게 하기 위해서는 어떤 고객에게 어떤 편익을 소구할 것인지, 상품을 기획하고 만드는 단계부터 마케팅이 시작되어야 합니다.

편익은 독자성이 있어야 한다

자사 제품에 독자적인 편익 가치가 있다는 것을 고객에게 인식시키는
일은 매우 중요합니다.

　지역마다 유명한 노포 음식점이 있습니다. 붐비는 시간이 아닌데
도 항상 줄을 서야 할 정도로 인기가 많은 이런 음식점은 대개 ○○ 지
역의 물을 사용한다든지, 비법 소스가 있다든지, 재료를 엄선한다든지
등 음식에 대해 타협하지 않는 고집이 있습니다. 그런데 이런 사실을
고객에게 전달하지 않으면 그 음식점은 단순히 맛있는 곳일 뿐, 누군
가가 똑같은 맛을 내면서 음식에 대한 이런 고집을 부가적으로 설명한
다면 그쪽이 우위를 점할 것입니다.

　경쟁 제품과 비교되기 시작하면 자사 제품의 우위성, 즉 편익 가치
가 있고 그것이 경쟁사에 비할 수 없는 독보적인 것으로 인지되지 않
으면 시장은 간단히 빼앗기게 됩니다. 해당 제품만의 가치가 있다고
고객이 인식하게 되면 다른 제품으로는 대체되지 않습니다.

　• 유니클로의 여름 마스크에 관한 평가: 제품력이 있는 제품은 그
제품력을 편익으로 인식하도록 전달해야 합니다.

　유니클로의 에어리즘 마스크는 판매 첫날에 긴 행렬이 생길 정도
로 사람들의 기대가 컸고, 즉시 매진되었습니다. 그런데 사용자의 후
기를 보면 제품에 대한 평이 둘로 나뉘었습니다. 좋은 품질의 마스크
를 저가로 제공하는 것에 가치를 느껴 구입한 사람은 만족하지만, 에
어리즘이므로 시원하다는 편익을 기대하던 사람은 별로 시원하지 않

아서 실망한 것입니다.

고객이 무엇을 니즈로 가지고 있는지에 따라 해당 제품의 잠재력이 살아나는 경우와 그렇지 않은 경우가 있습니다. 하나의 편익이라도 고객 니즈에 맞춰 소구 포인트를 맞춤화하지 않으면 의도와는 다르게 평가되고 오해를 살 수도 있습니다.

우리는 유니클로가 에어리즘을 지나치게 강조했다고 생각합니다. 3층 구조로 품질이 좋다는 것을 전면에 내세웠다면 편익을 오해한 사람이 적었을 것이라고 봅니다.

한편 유니클로는 원재료를 대량으로 들이고 대량생산을 하면서 좋은 품질을 저가로 제공하는 비즈니스 모델을 채용하고 있기 때문에 제품의 리드 타임이 매우 길어집니다. 대개는 1년 전부터 생산 라인을 확보해야 하고 단기간에 제품을 바꿀 수 없습니다. 그러한 기업이 3개월 만에 신제품을 낼 수 있었던 것은 이례적입니다. 새롭게 발생한 니즈를 발견하여 신속히 의사 결정하고 대응한 것이 틀림없습니다.

차별화 요소가 없으면 히트 상품이 될 수 없다?

기존 제품을 어떻게 판매할 것인가? 마케팅의 능력이 요구되는 가장 근원적인 주제입니다. 일반적인 방법으로는 제품의 장점이나 특징 등 편익 가치를 잘 끄집어내어 고객에게 구입 이유를 제공하는 것입니다.

그런데 제품에 이렇다 할 특장점이나 차별화 요소가 없는 경우도 있습니다. 실제로 어느 지방의 한 대형 마트가 바로 그러한 상황에 직면해 있었습니다. 그 마트는 자체 브랜드이면서 간판 상품인 만두를 20년 만에 리뉴얼했습니다. 만두피에 각별히 신경을 쓰고 정성을 쏟은 결과 이전보다 훨씬 맛있는 만두가 완성되었지만, 사실상 NB 브랜드의 만두와 셀링 포인트가 유사하여 고객에게는 그다지 인상적이지 않을 것 같았습니다.

그러던 중 여러 번의 조사를 통해 해당 만두가 그 마트가 기반으로 하는 지역에서 가장 잘 팔리는 만두라는 사실을 알게 되었습니다. 그것을 힌트로 '지역 1등 만두가 20년 만에 리뉴얼!'이라고 광고하기 시작했습니다. 그 지역에서 해당 만두를 안 먹어본 사람이 거의 없기 때문에 이 같은 사소한 사건으로도 고객의 흥미를 끌 수 있을 것이라 생각한 것입니다. 실제 리뉴얼된 만두는 전년 대비 2.6배의 매출을 기록했습니다.

한편 제품을 리뉴얼하거나 바꾸지 않고 메시지만 달리하여 히트 상품이 된 경우도 있습니다.

역시 어느 지방의 한 대형 마트 사례입니다. 해당 마트는 자체 브랜드로 출시한 훈제란의 매출이 오르지 않아 고민이었습니다. 경쟁사인 NB 제품과 비교했을 때 반숙인지 아닌지, 맛이 진한지 연한지의 차이만 있을 뿐, 오히려 안심할 수 있고 맛있어 보인다는 이유로 NB 제품을 선택하는 고객이 많았던 것입니다. 해당 마트의 훈제란은 전부 수제로 만들기 때문에 한 주에 700개밖에 준비를 못하고, 게다가 포장 단계에서 금이 간 계란은 B급 상품이 되어 대폭 할인한 가격으로 처분하는 비율도 높았습니다.

그 마트는 고민 끝에 한 가지 아이디어를 생각해 냅니다. 그전까지 약점이라고 여기던 요소를 오히려 장점으로 내세우는 관점의 전환을 시도한 것입니다. 한 주에 700개밖에 만들 수 없기 때문에 '1일 100개 한정', NB 제품과 대비되는 '수제'를 전면에 내세우고, 금이 가 있는 훈제란은 '맛이 진하게 배인 증거'라고 소구했던 것입니다. 그 결과 프리미엄 이미지가 생겨 NB 제품보다 높은 가격에 판매할 수 있게 되었고, 더욱이 금이 간 훈제란까지 할인가가 아닌 정상가로 팔 수 있게 되었습니다.

동일한 제품이라도 전달 내용을 바꾸면 소비자의 반응이 바뀌고 그에 따라 성과도 달라집니다. 슈퍼마켓이나 드러그스토어에 놓여 있는 제품 중 광고하고 있는 제품은 10%도 안 되기 때문에 소비자는 매장에서 제품을 보고 선택합니다. 즉 제품명과 패키지가 유일한 커뮤니케이션 수단이므로 제품의 장점을 어떤 내용으로 전달할지 관계자 모두가 지혜를 모아야 할 것입니다.

P 논점 26의 포인트

셀링 포인트는 '만들어내는 것'입니다. 명확한 특장점이 없다고 실망할 것이 아니라 고객이 자사 제품을 구입하는 이유가 무엇인지, 약점이라고 여기는 요소를 강점화할 수 없는지 등을 생각해 봅니다. 메시지만 다르게 해도 차별화가 됩니다.

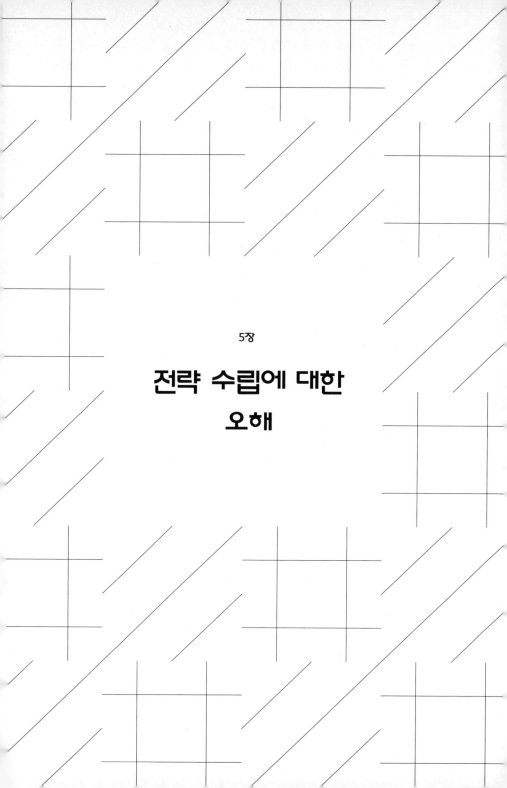

5장

전략 수립에 대한
오해

전략은 마케팅 이론의 프레임대로
논리적으로 생각하여 수립해야 한다?

기업이 지속적으로 성장하기 위해서는 끊임없이 신규 고객을 창출하고 충성 고객으로 만들어야 하는데, 이를 위해서는 자사의 강점을 살리고 타사에 없는 가치를 제공하는 것이 중요합니다.

그런데 타사에 없는 가치를 찾기가 현실적으로 쉽지 않습니다. 그래서 주로 사용하는 프레임이 3C(고객, 경쟁, 자사), STP(Segmentation, Targeting, Positioning), 4P(Product, Price, Place, Promotion) 같은 마케팅 이론입니다. 이들은 특정 카테고리에 진입하고자 할 때 개발이나 투자에 대해 내부에서 논의할 때는 도움이 되지만, 모든 기업이 이 프레임을 적용해서 전략을 세우므로 사실상 차별화된 전략은 만들어낼 수 없습니다.

물론 이 프레임으로나마 전략을 고민한다는 것은 칭찬받을 만합니다. 실상은 타사를 벤치마킹해서 따라하는 경우가 더 많기 때문입니다. 전략다운 전략이 없어 벤치마킹해서 따라는 가지만 그것으로는 혁신을 이뤄낼 수도, 승리할 수도 없습니다.

비즈니스가 성장하지 않고 있다면 잠시 멈춰 서서 무엇을 그만하고 무엇을 계속할지, 어떻게 하면 이길 수 있을지를 진지하게 고민해 보기 바랍니다.

다만 지나치게 프레임대로, 논리적으로 전략을 생각하는 것에는 함정이 있습니다. 우리도 컨설팅을 할 때 논리적으로 생각하면 생각할수록 '정답' 같은 답만 도출됩니다. 이를테면 '기술이 진보한 디지털 시대인 지금은 디지털 마케팅을 강화해야 한다'는, 누구나 생각하고 누구라도 당연하게 여기는 결론이 나올 수밖에 없습니다. 즉 일반적 논리나 마케팅 프레임에 근거하여 도출한 전략은 자사나 경쟁사나 거의 차이가 없다는 것입니다.

만약 고객에 대한 자사만의 인사이트가 있다면 동일한 프레임이지만 경쟁사와 다른 전략을 찾아낼 수 있을 것입니다. 이것이 경쟁사와 조금이라도 차이를 둘 수 있는 부분으로 이는 외부 컨설턴트가 할 수 없습니다.

포기하고 있던 것, 경쟁사가 싫어하는 것을 일부러 겨냥한다

맥도날드의 실적이 저조했을 때의 일입니다. 경쟁사들은 성장을 위해 하루 중에서 가장 매출이 높은 점심 수요를 어떻게 증가시킬 것인지에 주목하고 있었습니다. 논리적으로 생각하면 수요가 가장 큰 곳을 공략하는 것이 매출을 올릴 수 있는 정공법입니다. 하지만 경쟁사도 동일하게 점심 수요를 겨냥하기 때문에 그것만으로는 지속적으로 이기기는 불가능합니다.

그러면 무엇을 할 수 있을까? 시선을 틀 밖으로 옮겨보는 것입니다. 경쟁사가 포기하고 있는 것, 아직 하지 않은 것, 싫어하는 것이 무엇인지를 생각해 보는 것입니다.

맥도날드는 '밤에는 햄버거를 먹지 않는다'는 당시의 상식을 떠올렸습니다. 경쟁사도 포기하고 있던 밤 수요를 늘릴 수 없을까를 고민했고, 결국 '밤맥'이라는 제품을 출시하여 수요를 발굴하는 데 성공했습니다.

메뉴 개발도 경쟁 업체 중 하나인 편의점에서 판매하는 야식의 대체품이 될 만한 것이어야 한다고 생각했습니다. 그래서 출시한 '스파이시 치킨 맥너겟'은 로손의 인기 제품 '너겟 레드'가 힌트가 되었습니다. 그 다음에 발매한 '밥버거'의 출발점도 편의점의 삼각김밥이었습니다.

사업을 지속적으로 성장시키고 싶다면 논리적으로 전략을 세우는 것도 중요하지만 논리 밖에서도 힌트를 얻을 수 있습니다. 중요한 것은 이기는 전략을 세우는 것입니다.

P 논점 27의 포인트
마케팅 교과서에 나오는 프레임대로 전략을 세우거나 지나치게 논리적으로 접근한 전략은 경쟁사에서도 생각할 수 있는 전략입니다. 자사만의 고객 인사이트, 경쟁사가 하고 있지 않은 것, 혹은 지금까지 업계에서 암묵적으로 금기시되었던 것 등에서 전략을 차별화할 만한 요소를 찾아보도록 합니다.

전략을 수립했다면
반드시 그대로 실행해야 한다?

'코로나19 이후에는 이렇게 될 것이다. 그러므로 전략을 이렇게 바꾸어야 한다'는 말을 어렵지 않게 듣는 요즘입니다. 일반적으로 전략은 어제까지의 진행 상황을 보고 앞으로 이렇게 될 것이라고 예측하여 수립합니다.

하지만 어제의 수요가 오늘도 여전히 이어지는 것은 우연입니다. 내일 그 수요가 없어질 가능성은 항상 존재합니다. 현 시점에서 가장 좋은 것이어도 상황은 날마다 변화하고 있습니다. 전략을 수립한 단계에서 이미 환경은 변화하고 있기 때문에 실행하기까지의 시간이 길면 길수록 그 전략의 타당성이나 유효성은 약화됩니다.

얼마 전 컨설팅한 기업은 이제 막 시작한 신규 사업을 어떻게 전개할지를 둘러싸고 논의가 있었습니다. 1년 전의 계획 시점과는 환경이 크게 변화하여 당초 잡았던 목표 수치를 달성할 수 없을 것 같다는 의견이 다수였습니다. 그런데 한 번 결정한 것은 바꾸면 안 된다고 하는 암묵의 전제가 있는 듯 목표와 전략을 바꾸자는 말을 누구도 하지 않았습니다.

아무도 확신을 갖지 못한 채 절대로 달성할 수 없는 목표를 향해 모두가 필사적으로 달려가는 것은 비생산적입니다.

조금 엉뚱할 수 있겠으나 여기서 잠깐, 우리가 자주 가는 지하철역 앞의 붕어빵 노점상 이야기를 할까 합니다. 붕어빵을 파는 주인은 특별히 어떤 전략이 있거나 하지 않아 보입니다. 하지만 날씨 예보에서 내일 호우 소식이 들리면 붕어빵을 조금 덜 준비하거나 가판대를 일찍 접거나 합니다. 어느 때는 저렴한 우산을 판매하는 경우도 있습니다. 붕어빵집이라고 해서 붕어빵에만 한정하지 않고 더운 날에는 음료수나 팥빙수도 판매합니다. 그렇게 상황에 맞게 유연하게 대응하는 것, 그것이 그 붕어빵집을 번성하게 하는 전략일 것입니다.

고객에게 무언가를 제안할 경우에는 항상 최신 정보로 판단하는 것이 가장 적확합니다. 1년 전에 붕어빵 재료를 사놓는 것은 어리석은 일이라고 누구나 생각합니다. 그런데 기업은 그에 가까운 행동을 하고 있습니다. 과거의 실적과 예측을 토대로 전략을 세우고 그것을 성실히 실행하지 않으면 안 된다고 생각합니다. '전략'이나 '계획' 같은 단어에 얽매여 있는 것입니다.

물론 전략이 없으면 조직은 우왕좌왕하고 어디로 움직일지 알지 못합니다. 하지만 전략을 세웠다고 해서 그것을 고집할 필요는 없습니다. 지금 시대에 필요한 리더는 조령모개(朝令暮改), 즉 아침에 내린 명령을 저녁에 변경하는 순발력과 유연성입니다. 적어도 전략은 수립한 그 순간부터 진부해지기 때문에 현 상황에서 과거에 세운 전략이 맞는지 정기적으로 점검하고 수정하는 것이 좋습니다. 더욱 좋은 것은 하나의 전략을 세우고 끝나는 것이 아니라 예측이 빗나갔을 때 어느 방향으로 궤도를 수정할 것인지에 대해서도 생각해 두는 것입니다.

마케팅 전략이란 4P다?

대학 교육에서도 회사 연수에서도 마케팅 과목에서 반드시 배우는 마케팅의 정석은 4P입니다. Product(제품), Price(가격), Place(유통), Promotion(판매 촉진)을 잘 조합하여 전략을 만드는 것이 마케팅의 역할이라고 규정하는 기업도 많을 것입니다.

기업 내부에서 의사 결정자를 설득하거나 조직이 동일한 사고를 공유하는 과정에서 이 같은 틀을 사용한다면 매우 편리합니다.

그러나 4P에는 이 책에서 줄곧 주장하는 주인공인 '고객'이 없습니다. 마케팅을 고객 전략의 중요성으로부터 분리하여 단순한 전술이나 방법론에 가둬버린 원흉의 하나가 우리는 이 4P라고 생각합니다.

4P는 미국의 마케팅 학자 제롬 매카시(Jerome McCarthy) 교수가 1960년에 제안한 이론입니다. 마케팅 방법이 다양하고 복잡해지고 있었기 때문에 가장 중요한 소비자를 대면하기 위해 마케팅 전략을 네 가지 요소로 정리해서 심플하게 생각하자는 취지에서 고안해 낸 것입니다. 따라서 원문에는 4P의 중앙에 소비자의 C(Consumer)가 들어가 있습니다.

그 뒤 필립 코틀러 교수가 자신의 저서에서 이 4P를 소개하면서 대중에게 알려지게 되었습니다(참고로 코틀러 교수는 4P에 인원, 프로세스, 물적 증거를 더해 7P를 제안했습니다). 그의 세계적인 베스트셀러『마케팅 관리론』을 보면 소비자 이해의 중요성이 피력되어 있고 4P는 어디까지나 마케팅 믹스로서 언급되어 있는데, 이때 원문에 있는 C를 뺀 형태로 소개하고 있습니다. 이것이 세상에 널리 보급된 결과, 마케팅 전략을 생각할 때는 고객을 빼고 4P만이 중점적으로 다뤄지게 되었습니다.

일본 기업에 4P가 침투하기 시작한 것은 1980년대부터입니다. 당시는 혁신적이며 새로운 제품들이 많이 출현하던 시기였지만, 1990년대 중반 이후에는 누구에게(Who), 무엇을(What) 제공할 것인지가 아니라 경쟁사가 어떤 마케팅을 전개하는지 그에 대항해 자사는 어떤 방법을 써야 하는지 등의 방법(How)에 더 집중하게 됩니다.

게다가 지금은 디지털, 인터넷, 모바일의 가세로 How에 관한 선택안이 증가하고 점점 복잡해지면서 마케터의 의식도 How에 집중될 수밖에 없게 되었습니다. 이렇게 해서 고객이라는 주어가 없는 4P가 지금까지 이어져 오고 있는 것입니다. 그런 의미에서는 단순히 마케팅의 How의 믹스밖에 되지 않는 4P가 마케팅의 간판이라고 여겨졌던 것이 어쩌면 일본 기업의 잃어버린 20년을 만든 하나의 원인이라고도 생각할 수 있습니다.

그럼에도 불구하고 지금 현재도 많은 대학의 마케팅 강의나 '마케팅 초보자를 위한 해설' 등과 같은 콘텐츠에 이 4P가 마케팅의 기본으로 다뤄지는 것은 개탄할 일입니다. 설령 4P를 설계할 때 STP(세분화,

타깃팅, 포지셔닝)에 근거한다고 해도 S를 하나의 거대한 고객군으로 정의할 뿐 고객 개개인의 차이를 보지 않는 경우가 많습니다.

성공한 기업을 보면 어떤 고객에게 어떤 제품을 제공할지, Who와 What에서 모든 사업을 출발시키고 있습니다. Who와 What이 정해지고 그 조합을 실현하기 위해 결과적으로 How가 정해져야 합니다. 이 순서를 절대 틀리면 안 됩니다.

P 논점 29의 포인트

Who와 What이 없는 4P는 How의 수단일 뿐입니다. 주인공은 고객이며, 어떤 고객에게 무엇을 제공할지를 정한 다음 그것을 어떻게 전달할지를 정합니다. 고객이 없는 4P는 마케팅 전략의 핵심이라 할 수 없으며 오랫동안 How로만 활용된 4P의 주술에서 이제 그만 빠져나와야 합니다.

고객 전략: 한 사람의 고객에서 시작한다

마케팅 전략을 생각할 때는 항상 고객에서 출발합니다. 자사 제품을 소개하고 싶은 사람은 어디에 사는 누구인지, 직업, 나이, 성별, 수입 등 구체적으로 그려지는 한 사람을 선택하여 생각해 보는 것이 포인트입니다.

그 사람의 기호를 알면 해당 제품의 편익을 어떻게 하면 느끼게 할 수 있을지, 어떻게 하면 경쟁사에서는 얻을 수 없는 독자성을 보고 선택하도록 할지를 알게 됩니다. 그런 다음 그 사람이 TV를 많이 보는 사람이면 TV 광고를, TV를 전혀 보지 않는다면 다른 수단을 고민하는 How를 생각하면 됩니다.

이처럼 Who와 What을 기점으로 그 사람의 생활 습관, 업무 습관, 가치관, 접점, 미디어 습관 등을 보고 어느 접점에서 전달하면 좋은지를 생각하는 것이 이 책의 저자 중 한 사람인 니시구치(西口)의 저서 『N1 마케팅: 1 대 1 맞춤형 팬덤 마케팅의 시대가 왔다(たった一人の分析から 事業は成長する 實踐顧客起点マーケティング)』(2019)에서 소개하고 있는 고객 전략입니다.

구체적인 한 명의 개인(N1)에서 검토를 시작하는데, 당연히 그 한 사람만으로는 비즈니스가 성립되지 않습니다.

몇 만 명, 몇 십만 명, 몇 백만 명 규모로 확대하기 위해서는 그 한 사람과 비슷한 기호나 가치관을 가진 사람을 하나의 그룹으로 묶습니다. 그런 다음 정량 조사를 통해 해당 제품의 콘셉트 테스트를 하면 구입하고 싶다고 생각하는 사람이 그룹 내에 어느 정도 있는지 양적으로 파악할 수 있습니다.

그 수가 매우 적다면 또 다른 N1을 분석하고 다른 유형의 고객 그룹을 설정합니다. 이번에는 그 수가 매우 크다면 그 안에서 또 세분화하여 각 세분고객별로 소구 내용이나 전달 방법을 생각합니다. 다섯 개의 세분 고객이 나오면 다섯 가지 고객 전략이 있겠지만 각 전략을 조합하는 것도 고려해 봅니다.

고객 중심으로 마케팅을 생각한다면 한 명의 고객에서 출발할 것을 권합니다.

지금 이 순간에도 고객의 행동과 매체 환경은 엄청난 속도로 변하고 있기 때문에 고객을 집단군으로 보면 정작 기회를 놓칠 수 있습니다. 한 명의 고객이 어떻게 변화하는지를 관찰하면 전체 고객의 변화의 방향을 가늠할 수 있습니다.

카테고리가 다르므로
이업종 마케팅 사례는 도움이 되지 않는다?

마케팅 연수나 강연 등에서는 항상 "자사 제품과 동일한 카테고리에서 싸우고 있는 경쟁사가 무엇을 하고 있는지 지켜보고 대항책을 고민하라"라고 충고합니다. 분야가 다른 이업종은 참고 대상에서 늘 제외됩니다.

필자인 우리는 이와 반대로 같은 업계는 보지 않는 것을 추천합니다. 왜냐하면 동종 업계의 타사가 하는 마케팅 활동을 보면 무의식적으로 모방하고 싶어지기 때문입니다. 물론 경쟁사의 마케팅 활동을 모니터링할 필요는 있지만 경쟁사를 벤치마킹하는 것으로는 새로울 것이 없습니다.

제품을 파는 방법(How)에 경쟁사와는 다른 차별화를 원한다면 전혀 다른 업계를 살펴보는 것이 좋습니다. 카테고리가 다르면 동종 업계와는 다른 How를 얻을 가능성이 높고 How의 선택 폭도 넓어집니다.

맥도날드의 삼각 초코파이는 원래 검은색 한 종류뿐이었는데, 흰색 초코파이를 추가하여 '삼각 초코파이 화이트&블랙'이라는 색을 대비시킨 형태로 제품 라인업을 구성했습니다.

맥도날드는 이 힌트를 제과업계에서 얻었습니다. 부르봉(BOURBON CORPORATION)의 대표 브랜드 알포트 초콜릿이 블랙&화이트로 색을 대비시킨 패키지에서 도입한 것입니다.

또한 2017년에 실시한 '맥도날드 총선거' 캠페인은 앨범 작업에 참가할 인원을 팬 투표로 선발하는 여자 아이돌 그룹 AKB48의 총선거에서 힌트를 얻었습니다. '고기 2배'라는 공약을 내건 햄버거들 중에서 좋아하는 햄버거에 투표하고 우승한 햄버거에는 공약대로 고기를 2배로 늘려준다는 내용입니다. AKB48의 총선거는 모든 언론에서 선거 결과를 보도할 정도로 영향력이 큰 행사이며, 이런 배경에 힘입어 맥도날드의 이 캠페인은 엄청난 입소문을 타고 전국에서 화제가 되었고 매출 증대에도 지대한 공헌을 했습니다. 맥도날드는 자사가 속한 카테고리에 머물지 않고 전혀 관련 없는 이업종에서 힌트를 얻어 전에 없던 새로운 캠페인을 실시할 수 있었습니다.

P 논점 30의 포인트

동종 업계의 경쟁사를 모방하는 것에는 새로움도 혁신도 없습니다. 화제가 될 만한 새로움의 힌트는 자사에서 멀리 떨어진 이업종에 있을지도 모릅니다.

끊임없이 신제품을 출시하지 않으면
매출은 증가하지 않는다?

'우리나라 소비자는 쉽게 싫증을 느끼므로 새로운 제품을 짧은 주기로 끊임없이 내놓지 않으면 매출이 한계에 이른다'는 생각이 기업에 강하게 뿌리내려져 있습니다.

편의점에는 신제품이 지속적으로 투입되고, 서점의 매대에는 언제나 다양한 신간이 진열되어 있으며, 자동차도 출시한지 1년 정도 지나면 마이너 체인지를 시작으로 모델 체인지를 빈번하게 합니다.

그런데 해외 시장을 보면 동일한 브랜드, 동일한 서비스로 비즈니스를 성장시키고 있는 업태가 많이 있습니다. 아마도 일본에서는 신제품 수가 압도적으로 많기 때문에 더욱 새로운 것을 계속 내지 않으면 매출이 늘지 않을 것이라고 생각할지도 모르겠습니다.

신제품을 개발할 때는 사내에 의욕이 넘치고 왠지 활기찬 분위기가 조성되기 때문에 지속적으로 신제품을 개발하려는 경향이 생기기도 합니다. 또한 어느 시장에나 신제품을 좋아하는 혁신가층이 존재하기 때문에 적어도 초기에는 팔기 쉬운 것도 사실입니다.

그런데 실제로는 신제품의 매출이나 이익 공헌도는 생각보다 크지 않습니다. 예를 들어 편의점이나 패스트푸드점에서의 신제품 매출은 많아야 전체 20% 정도입니다. 주력 제품을 성장시키지 않으면 매출이나 이익은 기대치에 미치지 못하게 될 것입니다.

한편 '새롭다'는 것은 정말 편익 가치라고 할 수 있을까요? 'New'라고 써 있는 제품 패키지를 자주 보는데, 이만큼 새로운 것이 많은 지금은 새롭다는 것만으로는 어떤 가치도 없습니다. 매장을 리뉴얼하면 고객이 늘어난다고 알려져 있지만 사실 신규 고객이 늘어나는 것이 아닙니다. 매장 리뉴얼 초기에는 증정이나 할인 행사를 많이 하기 때문에 고객이 몰릴 뿐입니다.

'새롭게 ○○ 부분이 좋아졌다'는 구체적인 소구 내용이 있고 그것이 고객에게 편익으로 전달되지 않는다면 새로움은 의미가 없습니다.

신제품 출시보다 기존 제품의 잠재 고객이 남아 있을 가능성을 먼저 확인한다

컨설팅을 하면서 문제점으로 느낀 것은 기존 제품에 아직 많은 잠재 고객이 있는데, 이를 놓친 채 기업들은 신제품을 계속해서 출시하여 그 개발 비용과 고객 유치를 위한 마케팅 비용이 겹쳐져 전체적으로 이익률이 떨어지는 일을 많이 한다는 것입니다. 아직 성장 가능성이 있는데 한계점일지도 모른다고 오해받고 있는 제품이 세상에는 많이 있습니다.

그 원인은 제품이 속한 카테고리의 전체 시장 규모를 파악하고 있지 않기 때문입니다. 이를 TAM(Total Addressable Market)이라고 하는데, 특정 제품으로 획득 가능한 시장 규모를 가리킵니다. 즉 기존 제품으로 획득 가능한 잠재 고객이 어느 정도 남아 있는지, 정말 신제품이 아니면 잠재 고객을 획득할 수 없는 것인지 등을 충분히 검토하지 않은 것입니다. "더 이상 시장이 성장하지 않을 것이다. 한계점에 이르렀다"라고 말하지만, 실제로 얻은 점유율은 전체의 몇 퍼센트에도 미치지 못할 수도 있습니다.

TAM을 파악하지 않는다는 것은 고객을 보지 않는다고 할 수 있습니다. 기존 제품을 좋아해 줄 고객이 존재함에도 불구하고 기존 것을 버리고 새로운 것으로 고객을 획득하려고 합니다.

인쇄 공유 플랫폼 라쿠스루(RAKSUL INC.)는 후발 주자였습니다. 시장에는 이미 선발 주자가 있었지만, 라쿠스루는 그 선발 주자가 전체 시장의 극히 일부 영역에서만 점유율을 얻고 있다는 사실을 발견했습니다. 라쿠스루는 선발 주자가 활동하지 않고 있는 다른 영역에서 적극적인 마케팅 활동을 전개했고 그 결과 어느 사이엔가 선두를 차지함으로써 그 분야의 리더가 되었습니다. 라쿠스루는 전체 시장 규모를 파악하고 있었고 선발 주자가 보지 못한 잠재 고객을 보았기 때문에 지위를 역전시키는 데 성공한 것입니다.

이러한 역전극에서 알 수 있듯이 자사가 인식하는 범위는 생각보다 좁고, 그 범위 안에서 매출이 오르지 않으면 포기하고 신제품 개발로 활로를 찾는 방법에는 큰 기회 손실이 있습니다. 자사 제품을 모르는 고객이 어느 정도 있는지, 그 고객은 왜 자사 제품을 모르는지, 알고 있는데 구입하지 않는 고객은 어느 정도이며 왜 구입하지 않는지 등 시장 전체를 보면서 전략을 세운다면 기존 제품에 기회는 조금 더 있을 것입니다. 「논점 26」에서 살펴본 훈제란의 예처럼 같은 제품이라도 소구 포인트를 달리하면 완전히 새로운 것으로 보이게 할 수 있습니다.

P **논점 31의 포인트**

신제품이 넘치도록 많은 시장에서 자사 신제품은 어떤 차별 가치를 제안할 수 있나요? 시장이 한계에 이르렀다고 단정 짓고 신제품밖에는 활로가 없다고 생각하는 것은 아닌가요? 기존 제품에 아직 잠재 고객이 있을지도 모릅니다. 시간과 비용이 많이 소요되는 신제품 개발보다 기존 제품의 시장 크기를 파악하고 아직 남아 있을 잠재 고객 발굴에 좀 더 힘을 기울일 것을 권합니다.

세분화된 고객 집단별로 생애가치를 본다

제품 수명 주기는 제품이 시장에 투입되면서부터 사라질 때까지의 사이클을 도입기, 성장기, 성숙기, 쇠퇴기로 분류하고 그에 따라 매출이나 이익, 마케팅 과제 등을 책정하기 쉽도록 하는 것입니다.

마찬가지로 긴 시간 축으로 보는 고객생애가치(Customer Lifetime Value: CLV)라는 개념도 사업 전략을 생각할 때 매우 중요합니다. 기업이 얻을 수 있는 이익은 전부 기존 고객으로부터 얻는 것이고 신규 고객을 유치하기 위한 활동은 전부 비용이 됩니다. 게다가 고객을 유치한 순간에 즉시 이익이 나는 것이 아니고 고객이 제품을 어느 정도 지속적으로 사용해 주지 않으면 손익분기점에 이르지 못합니다.

예를 들어 매출 1만 엔에 이익이 3000엔의 상품이라면 표면적으로는 이익이 나오는 듯이 보이지만 실제 이익이 발생했는지는 모릅니다. 그 1만 엔의 매출을 획득하기 위해 실제로는 5만 엔의 비용이 들었을 가능성도 있기 때문입니다. 5만 엔을 회수하기 위해서는 고객이 여러 번 구매해 주어야 합니다.

고객생애가치는 한 명의 고객이 평생에 걸쳐 자사 제품을 구매했을 때 발생하는 수익의 총합계를 가리키는데, 어느 정도의 기간에 초기 투자금액을 회수 가능한지는 잔존율, 구입 빈도, 구입액의 합산으로 정해집니다. 예를 들어 5만 엔을 회수한다고 할 때 한 고객 그룹이 1년에 회수 가능하다고 예상되면 그것을 감안하여 사업 계획을 세웁니다. 다른 고객 그룹은 2년에 회수한다고 보면 단기로 투자해야 할 것과 중기로 투자해야 할 것의 비율을 정할 수 있습니다.

그런데 컨설팅을 하면서 기업의 마케팅 계획이나 투자 계획을 보면 단기, 중장기 시점보다는 대부분은 단년도 계획에 집중해 있습니다. 게다가 기존 고객의 잔존율을 높일 것인지, 1회 구매액을 늘릴 것인지, 신제품을 구입하게 할 것인지의 계획도 보이지 않습니다. 이는 고객생애가치를 고객에 따라 구분 짓지 않고 하나의 고객군으로 취급하고 있다는 뜻입니다.

한편 디지털 미디어를 통해 획득한 디지털계의 고객은 비교적 빨리 투자 비용을 회수할 가능성이 있지만 중장기로 보면 모바일 게임을 제외하면 고객생애가치는 의외로 크지 않습니다. 이는 디지털 서비스는 편리하고 접근도 용이하기 때문에 스위치 비용이 낮고 저항감도 없어 다른 서비스로 옮겨가기 쉽기 때문입니다.

반면 디지털 미디어로 도달할 수 없는 고객층은 획득 비용이 매우 높습니다. TV나 신문 광고 등 많은 비용이 드는 매체를 사용하지 않으면 반응도 약하고 설득이 어렵기 때문입니다. 그러나 한 번 고객이 되면 잘 이탈하지 않기 때문에 장기적으로 보면 고객생애가치가 크다고 할 수 있습니다.

따라서 수지 계획을 세운다면 단기적 회수를 목표로 하는 디지털 미디어계 고객 획득 계획과 중장기적 이익 최대화를 목표로 하는 매스 미디어계 고객 획득 계획을 조합하는 것이 좋습니다.

이업종 간의 협업은 성공하기 어렵다?

자사 브랜드에 다른 브랜드가 들어오는 것을 대부분 꺼려하지만, 모든 것을 자력으로 할 필요는 없습니다. 예를 들어 전자 결제를 둘러싸고 많은 소매 기업이 독자적으로 결제 시스템을 개발하려고 하는데, 정말 단독으로 하는 것이 좋은지, NTT 도코모* 등 이업종과 협업하는 길도 있지는 않은지 고려해 보기를 권합니다. 고객 입장에서 보면 중요한 것은 어디와 협업했는지가 아니라 무엇을 편익으로서 얻을 수 있느냐입니다.

이업종 간의 협업이 말처럼 쉽지는 않지만 성공 사례도 적지 않게 있습니다. 예를 들어 맥도날드는 모리나가 제과와 협업하여 '맥셰이크 모리나가 밀크 캐러멜'이라고 하는 제품을 출시한 적이 있습니다. 양사를 대표하는 간판 제품이 합쳐졌기 때문에 이 제품이 어떤 맛인지 충분히 상상할 수 있으므로 고객과 커뮤니케이션할 때 굳이 맛에 대한 설명을 하지 않아도 된다는 이점이 있습니다.

....

* 일본 최대의 이동 통신 회사.

2020년 6월에 시작한 로손과 무인양품의 협업도 잘 맞는 듯합니다. 전국적으로 매장을 가지고 있는 편의점 로손에 무인양품의 문구를 비치하기로 한 것입니다. 원래 로손은 인지도가 낮은 NB 문구류만 비치해 두었는데, 기존 문구류보다 단가가 높은 무인양품의 문구를 두면 매출에 긍정적 영향을 미치고 특히 지방으로 갈수록 무인양품 매장 자체가 드물기 때문에 수요는 충분히 있을 가능성이 있습니다.

협업은 어디까지나 자사 단독보다 양사가 결합했을 때 효과가 더 클 경우, 즉 시너지 효과가 예상될 때 진행하는 것이지 필수는 아닙니다. 하지만 협업을 통해 고객에게 더 좋은 편익을 제공할 수 있다면 그것은 단독으로 하는 것보다 더 강력한 가치가 될 수 있습니다. 타깃 고객을 정하고 협업을 통해 새로운 편익이나 가치가 탄생할 가능성이 있는지를 검토해 볼 필요가 있습니다.

P 논점 32의 포인트

단독보다 협업을 할 때 효율이 극대화되는 경우가 있습니다. 특히 이업종 간의 협업은 부가가치를 창출하여 경쟁력을 더 높일 수 있습니다. 지나치게 자급자족주의(self-sufficiency)를 고집하지 말고 타사와 협력함으로써 타깃 고객에게 더 가치 있는 편익을 제공할 수 있도록 합니다.

품질보다 속도가 중요하다?

고객 니즈, 경쟁사의 움직임을 포함해 환경이 급속히 바뀌고 있기 때문에 얼마나 신속히 대응할 수 있느냐는 확실히 중요합니다.

그런데 지금은 품질을 고집하기보다 빠르게 세상에 투입하는 것을 선택할지, 시간을 들여 품질을 높이고 속도를 희생할 것인지의 양자택일이 의미가 없어졌습니다.

디지털 시대이므로 이전과 달리 PDCA(계획, 실행, 확인, 개선)를 빠르게 반복해서 진행할 수 있기 때문입니다. 특히 '확인' 단계에서 예전처럼 엽서나 조사를 통해 소비자 피드백을 받는 대신 온라인을 통해 편리하면서도 신속한 커뮤니케이션이 가능해졌기 때문에 빠르게 제품을 출시하고 고객과 함께 품질이나 기능을 개선해 가는 것이 가능해졌습니다.

업계에 따라 물론 정도의 차이는 있겠지만, 인터넷 서비스 업계에서는 일부러 베타 버전을 발표하고 고객과 함께 개선해 가는 방법을 취하는 경우도 있습니다.

품질을 높이기 위해서도 속도는 중요합니다. 그러기에 PDCA를 반복하는 횟수만큼 품질이 높아진다고 할 수 있습니다.

P **논점 33의 포인트**

품질 우선인가 속도 우선인가의 양자택일적 논의는 이제 과거의 것입니다. 디지털 시대에서는 PDCA를 빠르게 반복해서 진행함으로써 그 양쪽을 동시에 실현할 수 있습니다.

마케팅 인재를 찾는다면 마케팅 경험자가 좋다?

기업 컨설팅을 할 때 가끔 마케팅 인재를 찾을 수 없어 어렵다는 말을 듣습니다.

그 이유는 크게 두 가지입니다. 우선 일본의 상장 기업 대부분이 영업 부서는 두고 있지만 별도로 마케팅 부서를 두고 있는 곳은 겨우 20~30% 정도밖에 되지 않습니다. 마케팅이라는 직종에 종사하는 인재의 절대수가 의외로 적습니다.

게다가 마케팅을 어떻게 해석하느냐에 따라 그 기능이 달라지므로 경영 기획 부서나 영업 부서가 마케팅 기능을 담당하는 경우가 있습니다. 또한 마케팅 부서가 있다 해도 이미 만들어져 있는 제품의 판매 촉진을 강화하고 매출을 올리는 것을 목표로 매스미디어를 쓸 것인지 디지털 미디어를 사용할 것인지의 시책을 생각하는 것이 주 업무가 되는 경우가 있습니다. 즉 마케팅이 본래 수행해야 하는 '타깃 고객을 정하고 편익 가치를 전달하는' 역할을 담당하지 않는 경우가 매우 많습니다.

이처럼 기업에서의 마케팅 역할이 제한적이기 때문에 마케팅 경험이 있는 사람을 채용해도 판촉이나 광고 등 일부 업무만 해봤을 뿐 매출이나 실적에 책임을 진 적이 없는 등 기대하는 기량을 가지고 있지 않는 경우가 많습니다. 기량 중심으로 마케팅 책임자를 본다면 어쩌면 벤처를 세운 기업가나 사업 부장 등이 최적의 인재가 아닐까 싶습니다.

그런데 마케팅뿐만 아니라 우수한 인재를 많이 채용하면 비즈니스가 잘 될 것이라고 생각하는 사람에게 꼭 권하고 싶은 것이 『최고의 인재들(the Best and the Brightest)』(David Halberstam, 1972)이라는 책입니다. 이 책은 우수한 인재들이 많이 모여 있는 미국의 기업이나 조직이 왜 실패를 거듭했는지에 대해 케네디 정권의 이야기를 시작으로 다수의 사례를 들어 설명하고 있습니다.

실제로 일류 대학을 졸업한 우수한 인재들이 모여 있는 기업이 부정 사건을 일으키고 도산하는 예가 있는가 하면 대학 중퇴자가 차고에서 시작하여 세계적 기업이 된 예도 있습니다. 우수한 인재를 모아봐도 탁월한 성과를 내지 못하는 이유는 역시 인간의 모임이므로 부서 간 갈등, 사적 이익 등이 작용하여 올바른 의사결정을 할 수 없기 때문입니다.

그렇기 때문에 우수하다고 여겨지는 마케터를 대거 모아놓은 조직이라고 해서 마케팅이 전부 성공하는 것이 아니라는 사실은 분명합니다.

P 논점 34의 포인트

마케팅 인재를 구하기 전에 기업에서 우선 해결해야 할 것은 마케팅 역할을 판촉 활동에만 제한하지 말고 지금보다 더 확대하는 것입니다. 그리고 반드시 마케팅 경험자가 아니더라도 매출과 이익에 대해 책임 있는 임무를 수행한 경험이 있는 인재까지 시야에 두고 구하는 것이 바람직합니다.

기업 문화는 조직 구성원에 의해 만들어진다?

벤처 기업의 젊은 경영자들과 상담을 하면 '직원들이 자꾸 그만두는 바람에 회사 분위기가 좋지 않다. 직원들의 가치관과 회사의 문화를 바꾸고 싶다'는 고민을 적지 않게 듣습니다. 그래서 전 사원과 함께 바람직한 문화를 형성해 보려고 시도하지만 대체로 뿌리내리지 못합니다. 왜냐하면 최고 경영자의 가치관이 행동에 반영된 것이야말로 회사의 문화가 되기 때문입니다.

문화란 어떠한 것을 좋게 여기고 어떠한 것은 허락하지 않는다고 하는 가치관이 일상의 행동에 스며들어 있는 것입니다. 경영자의 인간성과 가치관은 그 사람의 언어나 행동에 나타납니다. 경영자의 언동에서 거짓말을 해도 좋다고 하는 가치관이 조금이라도 비춰지면 회사 전체의 문화는 그쪽으로 기웁니다. 투명성이 중요하다고 말하면서 경영자가 정보를 통제하거나 개방을 선호하지 않는 태도를 취하거나 하면 투명성과는 거리가 먼 문화가 형성됩니다.

기업 문화는 조직 구성원의 행동을 결정하므로 어떤 방향으로 문화를 형성할지를 구체적으로 생각할 필요가 있습니다. 이를테면 혁신이나 창조성 등에 중점을 둘 것인지 윤리나 도덕에 중점을 둘 것인지 등입니다.

맥도날드의 익살스러운 문화를 회복하다

맥도날드의 매출이 악화되고 있을 때 사내에서는 모두가 매출을 만회하기 위해 필사적이었으며 진지한 캠페인만 허락되는 분위기였습니다. 당연히 재미를 표현할 여유는 없었습니다.

그러나 생각해 보면 맥도날드의 아이콘인 '도날드'는 피에로이며, 그가 등장하는 광고가 그러했듯이 맥도날드에는 익살스러운 문화가 있습니다. 그것이 어느 사이엔가 봉인되어 버렸습니다. 이를 깨달은 맥도날드는 스스로 즐거워지지 않으면 안 된다고 생각하여 복장을 캐주얼로 하고 사무실을 새롭고 밝게 꾸미고, 무엇보다 재미있고 유쾌한 캠페인을 성공시키는 데에 주력했습니다.

바람직한 기업 문화는 구성원의 참여와 만족을 이끌어냅니다. 변화에 적극적이며 조직 전체가 일사분란하게 움직이고 강한 추진력을 발휘하게 합니다. 여기에는 이를 실천하고 있는 구성원들이 칭찬받고 인정받아야 하며 보상이 따라야 합니다.

바람직한 기업 문화는 급변하는 환경 속에서도 경쟁력을 잃지 않고 꾸준히 성장할 수 있는 동력이 됩니다.

기업 문화는 보텀업(bottom-up) 방식이 아니라 톱다운(top-down) 방식에 의해
만들어집니다. 따라서 기업 문화는 경영자의 행동이나 가치관에 의해 강하게
영향을 받으며 조직 구성원의 행동을 형성하고 조직 간의 관계에도 영향을 미
칩니다.

신흥의 약소 벤처들은 신경 쓸 필요 없다?

세계 최대의 호텔 기업은 한 채의 호텔도 가지고 있지 않은 에어비앤비이며, 세계 최대의 택시 회사는 한 대의 택시도 없는 우버입니다. 지금은 그런 시대입니다. '업계'의 정의는 바뀌었습니다. 경계를 무너뜨리는 파괴자가 어디에서 오는지 알지 못합니다. 그러므로 동종 업계만 살피고 있으면 흐름을 오인하게 될 것입니다.

파괴자의 대표적인 예는 역시 아마존입니다. 1990년대까지 미국에서 초대형 서점 1위였던 반스앤노블(Barnes & Noble, 이하 B&N)과 2위의 보더스(Borders)는 클레이튼 크리스텐슨(Clayton Christensen) 교수가 주장한 개념인 '혁신 기업의 딜레마'를 넘어설 수 없었습니다.

아마존의 탄생은 1994년. 그 이전부터 미국의 서적 소매 업계는 가격 경쟁이 심하고, 특히 B&N과 보더스는 어느 한 쪽이 할인을 하면 다른 한 쪽도 즉시 따라하는 과격한 가격 경쟁을 벌이고 있었습니다. 대형 서점은 대량 재고를 수용할 수 있기 때문에 바잉파워(buying power)를 무기로 출판사와의 직거래를 통해 대폭 할인을 받음으로써 가격 인하가 가능했습니다. 이 가운데 끼어든 것이 아마존입니다.

아마존은 100만 종류 이상의 서적을 취급하지만 시애틀의 자사 창고에 있는 것은 2000종류 정도입니다. 도요타의 그 유명한 '저스트 인 타임(just-in-time)' 방식을 참고하여 주문이 들어오면 중개업자나 출판사에 발주를 넣는 것으로 비용을 압축하고 있었던 것입니다. 즉 창고를 가지지 않는 것으로 비용을 절감하고 재고 관리가 뛰어난 중개업자와의 유통 인프라를 정비함으로써 노포 양사에 대항하여 지속적인 가격 경쟁을 실현할 수 있었습니다. 이제 시장 구도는 삼파전이 되어 최고 할인율로 격전을 펼치게 되었습니다.

그러나 B&N과 보더스는 2000년대 전반이 되어도 아마존의 서적 매출이 양사에 미치지 못하고 이익도 나지 않는 것을 보고 아마존을 경쟁자로 간주하지 않았습니다. 오프라인 서점의 강점은 변하지 않는다는 인식이 강하기도 했고, B&N은 '안락한 서점'이라는 콘셉트로 서점 안에 스타벅스 매장을 들이고 무료 와이파이를 확충하면서 매장 경쟁력을 키워갔습니다. 2위인 보더스는 B&N만 주시하고 있었기 때문에 B&N과 똑같이 시애틀즈 베스트 커피라는 브랜드를 매장에 들여 영업을 시작했지만 매출은 계속 감소했습니다. 크리스텐슨 교수가 말한 '기존의 강점과 상식에 묶인 상태'였던 것입니다. 또한 보더스는 2001년부터 2008년까지 온라인 서적 판매 업무를 아마존에 위탁하고 있었는데, 이는 바로 아마존을 경쟁자로 보지 않았다는 증거입니다.

한편 아마존은 전자책 단말기 킨들(kindle)을 개발하여 2007년에 발매하고 콘텐츠를 제공하기 시작했습니다. B&N도 이에 맞서 전자책 단말기 누크(nook)를 2년 늦게 투입했지만 이미 늦은 뒤였습니다. 그 사이에도 아마존은 오프라인 서점의 물리적 제약이 되었던 국경을 넘어 전 세계로 사업을 전개하고, 서적 이외의 카테고리를 확대하여 디지털다운 규모의 경제를 통해 서적뿐만 아니라 다양한 제품을 유통하기 시작했습니다.

이렇게 아마존으로부터 큰 타격을 입은 B&N은 2011년 결국 역사적인 뉴욕 5번가점을 폐쇄했고, 보더스는 경영 파탄에 이르렀습니다. B&N은 이후 펀드 회사에 매각되어 개혁을 추진하고 있지만 현재도 고전 중입니다.

경쟁사의 전술보다 고객의 변화를 주시해야 한다

만약 자사가 B&N이나 보더스 같은 상황에 처한다면 어떻게 할까요? '하찮은' 신흥 기업이나 비즈니스가 출현한다면 그것을 어떻게 평가해야 할까요? 어떻게 잠재적인 파괴자를 알아볼 수 있을까요? 그에 대한 대응책은 무엇일까요?

새로운 기술, 서비스, 아이디어는 날마다 세계 여기저기에서 출몰하고 있습니다. 그러나 그 대부분은 '하찮은' 존재이며 기존 비즈니스에 큰 영향을 미치기도 전에 사라져버립니다. 일일이 그것을 쫓아다니고 평가하는 것은 현실적이지 않습니다.

여기에서 힌트가 되는 것이 고객의 행동이나 심리의 변화입니다. 자사 브랜드를 오랫동안 사용해 주던 고객이 돌연 이탈한다? 크게 걱정할 일은 아닙니다. 이는 언제나 일정 비율로 발생하는 일이며 그 고객이 다음에 구입하는 것은 경쟁사의 유사 제품일 것입니다. 그러나 이탈 고객이 경쟁사 제품을 구입하지 않는다면 예의 주시해야 합니다. 고객이 다음에 어떤 구매 행동을 하고 어떤 대체 수단을 사용하는지를 탐색하면 잠재적 파괴자의 존재를 알아차릴 가능성이 높기 때문입니다.

B&N과 보더스가 자사에서 이탈한 고객이 아마존에서 어떤 구매 행동을 하고, 아마존의 어떤 점을 평가하고, 왜 오프라인 매장을 사용하지 않게 되었는지, 그 심리를 분석했다면 아마존의 파괴자로서의 위험성을 알아차렸을 것입니다. 이탈자 비율을 정기적으로 조사했다면 무엇이 증가하고 있는지 알게 되고 오프라인 매장의 강점만으로는 아마존에 대항할 수 없다는 사실을 좀 더 빨리 파악할 수 있었을 것입니다.

새로운 기술이나 벤처를 무작정 평가하는 것보다 2장에서 소개한 9세그먼트 모델을 사용한 분석이 더 도움이 될 것입니다. 통상과 같이 자사와 경쟁사의 기회와 과제를 분석하여 고객 전략을 생각하는 것뿐만 아니라 주요 경쟁사와 중복되는 고객도 볼 수 있기 때문입니다.

구체적으로는 자사 고객 중 자사 제품과 경쟁 제품을 같이 사용하고 있는 사람이 어느 정도 있는지를 보고 그 사람들이 경쟁 제품의 9세그먼트 중 어디에 해당하는지를 확인합니다. 그리고 이탈 고객을 세분화하고 그 행동 변화의 심리를 통찰하면 잠재적 파괴자의 위험 정도를 정량적 또는 정성적으로 평가할 수 있습니다. 이를 정기적으로 실행하면 파악하기 어려웠던 잠재적 파괴자에 의한 장래 위험 정도를 가늠할 수 있습니다.

나아가 그것을 조직 전체와 공유하면 클레이튼 크리스텐슨 교수가 주장한 '혁신 기업의 딜레마'를 넘어설 수도 있습니다.

신흥의 벤처 기업은 업계의 경계를 무너뜨리는 잠재적 파괴자입니다. 경쟁사만 주시하고 있으면 결단코 이 파괴자의 존재를 알 수 없습니다. 파괴자의 존재는 고객의 변화 방향이 어디로 향하는지를 통해 파악할 수 있습니다. 지금 약소 기업이라고 얕보고 있는 저 벤처 기업이 일으키고 있는 고객의 변화를 주의 깊게 살펴보아야 합니다.

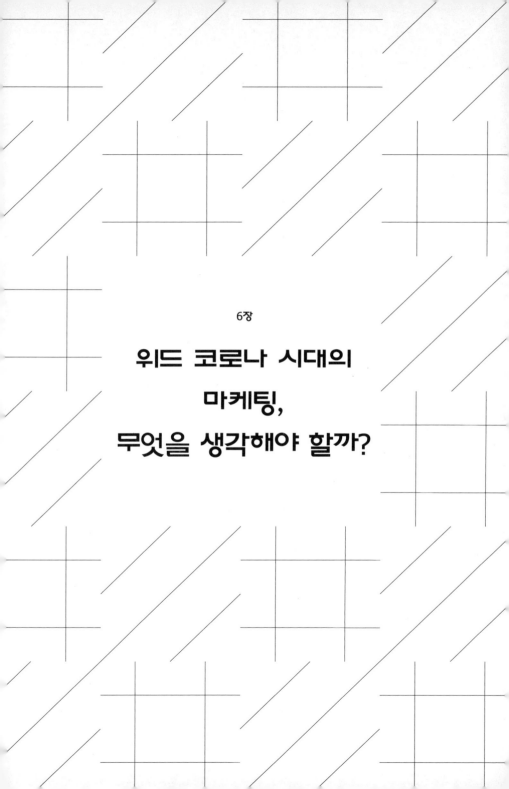

6장

위드 코로나 시대의
마케팅,
무엇을 생각해야 할까?

논점 37

코로나19로 인해 타격이 크다. 가격을 내릴 수밖에 없다?

도시 봉쇄, 외출 자제, 집합 금지 등으로 인해 소비자의 생활 습관이나 구매 행동이 변화한 결과 매출이 크게 떨어진 기업이 많습니다. 팔리지 않을 때는 가격을 내릴 수밖에 없다고, 저렴함을 전면에 내세우는 제품이나 유통점이 눈에 많이 띕니다.

'가격을 내리면 팔린다', '우리는 경쟁사보다 언제나 저렴하게 가격을 설정하므로 경쟁력이 있다'는 사고방식은 코로나19 이전부터 뿌리 깊게 존재해 왔습니다. 그러나 1000엔짜리 제품을 20엔 덜 받으면 이익도 20엔 감소합니다. 스스로 가격을 인하하는 행위는 스스로 제품의 가치를 떨어뜨리는 것과 마찬가지이므로 틀림없이 점점 악화되는 패턴입니다.

더욱 안타까운 것은 큰 결심을 하고 가격을 내렸는데도 고객 입장에서 득이 되는 느낌을 받지 못하는 경우입니다. 예를 들어 1000엔의 제품을 20엔 인하한다고 해서 '이득이다'는 느낌은 없습니다. 하지만 300엔 정도 저렴하다면 다를지도 모릅니다. 즉 가격 전환점, 탄력성이 어디에 있는지를 살펴본 다음 가격을 인하하지 않으면 괜히 이익만 줄

어들게 됩니다.

가격 경쟁을 할 수 있는 것은 예전의 델(Dell) 컴퓨터처럼 낮은 가격에서도 제대로 이익을 가져갈 수 있는 구조가 되는 조직이어야 합니다. 그 밖의 기업에서 가격 어필은 마지막 수단으로 생각하는 것이 좋습니다.

그래도 한다면 단기간에만 실시합니다. 사전에 테스트를 해서 어느 금액대에서 고객이 어떻게 반응하는지, 매출의 변화를 어느 정도 파악한 다음 실시하지 않으면 가격 경쟁은 이익만 떨어지고 상처만 남는 고위험 전술입니다.

그보다 추천하고 싶은 것은 가격을 높이고 가치를 높이는 방법입니다. 고객(Who)과 제품이 제공하는 편익 가치(What)를 재정의하는 것입니다.

최근에는 다이내믹 프라이싱(Dynamic Pricing), 즉 가변적 가격 책정이라고 해서 시장 상황에 따라 유연하게 가격을 바꾸는 방법도 증가하고 있습니다. 항공권이나 호텔은 얼리버드로 예약하면 저렴해지고 성수기가 되면 가격이 올라간다는 것을 모두가 알고 있습니다. 온라인에서는 매분마다 가격을 바꾸는 것도 가능합니다. 유연한 가격 책정으로 고객 만족과 수익성, 둘 다를 올릴 수도 있습니다.

P **논점 37의 포인트**

정말 가격을 낮추면 팔릴까요? 그전에 먼저 고객과 편익 가치를 다시 조합해 봅니다. 가격으로 어필하는 것은 최후의 수단이라고 생각해야 합니다.

코로나19가 마케팅에 미친 다섯 가지 영향

변화는 코로나19 전에도 후에도 일어나는 일입니다. 다만 이번 세계적 규모의 위기를 계기로 변화된 것도 확실히 있습니다. 향후 마케팅 전략을 생각할 때 이 다섯 가지 사항을 고려한다면 도움이 될지도 모르겠습니다.

① 코로나19로 이전부터 있던 경향이 가속화되었다는 것

젊은 사람들이 옷을 구입하지 않는 경향은 코로나19 전부터 시작되었습니다. 양복 대신 캐주얼 복장으로 근무하는 기업이 많아졌기 때문이기도 한데, 재택근무가 증가하면서 이 경향이 급속히 가속화되어 이전보다 더 옷에 돈을 쓰지 않게 되었습니다.

또한 전자 결제나 온라인 쇼핑도 이번에 이용이 크게 증가했습니다.

이러한 일은 「논점 1」에서 설명했듯이 갑자기 발생한 것이 아닙니다. 조금씩 계속되어 온 작은 변화가 코로나19를 계기로 가속화된 것입니다. 그러므로 고객에게 어떤 변화가 일어나고 있는지, 그 방향은 어디를 향하는지를 항상 지켜보고, 변화가 가속화되었을 때 대응할 수 있도록 준비해 두어야 할 것입니다.

② 무엇을 중요하게 생각할지, 무엇에 돈을 쓸지에 대한 우선순위가 바뀌었다는 것

우리가 지금 경험하고 있는 것은 먼 과거에 있었던 '쇄국' 상황입니다. 다른 나라보다 자신의 나라가 중요하고, 나라보다 자신의 지역이 중요하고, 지역보다 자신의 가족이나 자신이 더 중요해졌습니다. 타인에 대한 공헌보다 스스로를 지키는 것에 우선순위를 두고 있다는 사실이 명확해졌습니다. 그 결과 소비에 대한 몇 가지 가치관이나 우선순위도 변했습니다. 실제 "가족과의 시간을 더 갖게 되었다", "회식은 하지 않는다", "개인실이 있는 음식점을 선호한다"라고 말하는 사람이 많아졌습니다. 건강에 대한 중요도가 더욱 높아지고 지금의 트렌드이기도 하지만 일반 담배에서 전자 담배로의 전환도 상당히 진전된 듯합니다.

이러한 변화가 가시화되기까지 조금 더 시간이 걸릴지도 모르지만, 고객의 심리는 바뀌고 있고 그 변화에 관심을 기울일 필요가 있습니다.

③ 마케팅 의사 결정에서 속도와 유연성이 더욱 중요해졌다는 것

독자 여러분도 경험했듯이 2020년 코로나바이러스가 확산되기 시작한 3월부터 긴급사태 선언 발령과 해제, 그 후의 규제 완화 등 그 해는 매일같이 시시각각 변하는 전례가 없는 상황에서 의사 결정을 하지 않으면 안 되는 해였습니다. 실제로 빨리 의사 결정을 하고 대응한 기업과 상황을 지켜보기만 기업은 성과의 차이가 꽤 있을 것이라고 생각합니다.

포켓몬 GO 게임을 운영하고 있는 나이언틱은 코로나에 발 빠르게 대응하여 성과를 올린 기업 중 하나입니다. 밖에서 걸으면서 하는 놀이인 포켓몬 GO는 세계 각국에서 외출 규제가 발령되자 위기감을 느끼지 않을 수 없었습니다. 이에 나이언틱은 포켓몬 GO를 집에서도 즐길 수 있도록 하기 위해 재빨리 새로운 기능(리모트 레이드패스 등)을 4월 말경에 도입했고, 그 결과 2020년 여름에는 출시 때와 다름없는 역대 최고의 매출을 올린 것으로 보도되었습니다.

현대는 코로나19 같은 예상 밖의 사건이 당연하게 발생하는 시대입니다. 즉 유사시에 재빨리 유연한 의사 결정이 가능한지가 매우 중요한 시대가 되었다는 의미입니다.

④ 최적의 미디어믹스가 바뀌었다는 것

코로나19로 집에 있는 시간이 길어지자 디지털 미디어뿐만 아니라 TV나 신문 등을 보는 시간도 증가했기 때문에 매스미디어의 효율이 크게 개선되었습니다. 또한 디지털이나 매스미디어 가운데에서도 효율이 증가한 미디어와 그렇지 않은 미디어로 명암이 나뉘었습니다. 이를테면 옥외 간판, 교통 광고 등 OOH(Out-of-Home)라고 불리는 미디어는 이동하는 사람 수가 크게 감소했기 때문에 광고 효율이 크게 떨어졌습니다.

즉 코로나19를 계기로 최적의 미디어믹스가 크게 바뀌었습니다. 앞으로 외출이 자유로워지고 일상이 회복되면 최적의 미디어믹스는 또 바뀔 것입니다. 더불어 새로운 디지털 미디어가 항상 출현하기 때문에 어제까지의 미디어믹스를 오늘도 계속할 것이 아니라 타깃에 대해 최대의 효과·효율을 낼 수 있는 미디어믹스를 끊임없이 찾아야 합니다.

⑤ 광고 제작에서 크리에이티브의 다양성이 증가한 것

광고 촬영은 사람이 많이 모이는 작업이므로 코로나19로 촬영에 제약을 받거나 촬영 자체가 불가능해서 관계자들이 많이 힘들었을 것입니다.

하지만 그런 중에도 여러 회사가 크리에이티브의 새로운 가능성을 보여주었습니다. 후술하겠지만 오츠카제약은 고교생들이 각자 셀프로 촬영한 영상을 모은 포카리스웨트 광고를 2020년 3월 말에 공개하면서 그 대응 속도뿐 아니라 '요즘 광고'의 크리에이티브를 보여주었습니다. 산토리는 자사의 캔 커피 브랜드 보스(BOSS)의 과거 광고를 편집하여 5월 중순에 집행하면서 사람들에게 추억을 선사하기도 했습니다. 일본 맥도날드는 촬영이 불가하다는 제약 때문에 맥셰이크 광고를 애니메이션으로 만들어 발표하고 엄청난 성과를 거두었습니다.

이번 기회를 통해 광고는 실사 촬영 외에도 여러 선택지가 있다는 사실을 알게 되었습니다.

논점 38

신규 고객을 획득하기 위해서는
매력적인 가격을 제시해야 한다?

가격은 신규 고객을 유치하기 위해 사용하는 가장 흔한 방법입니다. '20% 할인', '특가 행사', '지금이 기회' 등의 문구는 제품을 한 번도 사용해 보지 않은 고객으로 하여금 부담 없이 시험 구매를 할 수 있게 합니다.

하지만 이는 최악의 방법입니다. 왜냐하면 해당 제품을 사용해 보기도 전에 저렴한 가격=제품의 가치라고 인식시키는 모양새이기 때문입니다.

강렬한 편익 이미지가 있고 구입을 독려하기 위해 가격을 내리는 것이라면 신규 고객의 시험 구매는 의미가 있습니다. 구입 후 긍정적인 제품 체험을 했다면 향후 지속 구입으로 이어지고 충성 고객이 되기도 합니다. 그러나 대체로 이런 종류의 캠페인은 편익보다 '할인'을 더 강조합니다.

더욱이 가격 행사에 이끌리는 고객은 대부분 기존 고객이거나 평소 가격 때문에 구입을 꺼려하던 고객입니다. 가격이 다시 정상가로 돌아가면 전자는 계속 구입해 주지만 후자는 구입하지 않습니다. 후자는 사용해 보고 편익을 실감하거나 정상가에 걸맞은 가치가 있다고 느낀 경우에만 구입합니다. 즉 가격 프로모션은 제품에 매우 자신이 있고 고객이 제품을 체험만 한다면 편익을 강하게 느끼고 다른 제품으로는 대체 불가하다고 인식할 경우에만 효과를 거둘 수 있습니다.

이런 의미에서 보면 신규 고객을 유치하기 위한 가격 프로모션은 실은 기존 고객의 구매를 촉진하는 것이 됩니다. 그로 인해 단기간의 영업 실적은 오르지만 다시 정상가로 돌아갔을 때는 신규 고객이 전혀 증가하지 않았다는 사실을 알게 될 것입니다. 게다가 가격 때문에 구입한 고객은 다음에도 가격을 보고 선택하고 경쟁사가 더 낮은 가격을 제시하면 즉시 그쪽으로 가버립니다.

역설적으로 들릴지 모르겠지만 가격 프로모션을 할 때는 가격으로 승부해서는 안 됩니다. 우선 편익을 충분히 전달하고 그 다음 구매를 촉진하는 수단으로 가격을 활용합니다. 결국 제품의 독자성, 편익이 가장 중요하기 때문입니다.

P 논점 38의 포인트

가격 프로모션의 궁극적 의의는 가격 자체가 아닙니다. 아직 자사 제품을 사용해 보지 않은 신규 고객을 대상으로 자사 제품의 우수성을 체험해 볼 수 있도록 시험 구매를 유도하는 목적으로 사용하는 것이 가장 바람직합니다. 가격 할인은 본질적으로 양날의 칼입니다. 유용한 면이 있는 반면 위험한 요소도 내포하고 있습니다.

오프라인의 문화 이벤트도
온라인으로 대체 가능하다?

이 논점에 대해 우리의 생각은 대체 가능성이 있다고 보지만, 사실 아직 잘 모르겠다는 것이 솔직한 마음입니다.

이번 코로나19를 계기로 온라인에서 여러 가지가 가능하다는 것을 알게 되었지만, 동시에 거기에 무한 매력이 있는 것은 아니라는 사실도 알아버렸습니다.

얼마 전 오프라인 공연이 불가능해지자 온라인에서 아티스트의 라이브 연주를 보았는데, 마치 DVD를 보는 것처럼 오프라인 공연에서 느낄 수 있는 현장감과 열기는 전혀 전달되지 않았습니다.

SNS 회사인 믹시(Mixi)는 몬스터 스트라이크라고 하는 게임을 제공하고 있는데, 매년 온라인에서 이 게임의 경기대회를 개최합니다. 마지막 날 결승전은 오프라인의 한 장소(마쿠하리 메세 국제전시장)에서 경기를 하는데, 유튜브를 통해 동시 생중계하고 있기 때문에 집에서도 시합을 관전할 수 있지만 매년 수만 명의 사람들이 경기장으로 갑니다 (2020년에는 코로나19로 중지).

프로야구 경기도 집에서 TV 중계를 볼 수 있는데 더운 날에나 비오는 날에나 야구장에 가고, 특히 이번 코로나19에서는 더 비싼 입장료를 지불해야 함에도 불구하고 직접 가서 관전하는 고정팬이 존재한다는 것은 현장에서 체험하는 것에 가치를 두고 있기 때문입니다.

코로나19로 인해 온라인 비즈니스가 성장하는 한편 자유롭게 여행하고 직접 대면하는 즐거움, 그 소중함을 재인식하는 계기가 되었습니다. 그런 의미에서 보면 오프라인의 문화 이벤트는 쉽게 온라인으로 대체되지 못할지도 모르겠습니다.

만약 앞으로 연극을 온라인으로 공연하게 된다면 고객이 이전과 동일한 관람료를 지불할지는 의문입니다. 또한 오프라인 공연을 하더라도 이전처럼 많은 사람이 입장할 수 없다면 그 가치는 보다 귀중해지기 때문에 관람료도 비싸질 것입니다. 레스토랑 등에서도 개인실을 마련해 두면 마찬가지로 가격이 상승할 것입니다. 그래도 그것에 독자적 편익이나 비대체성을 느끼는 고객은 그 희소성에 기꺼이 돈을 지불할 것입니다.

P **논점 39의 포인트**

코로나19로 인해 모든 것이 온라인에서 가능한 세상이 되었지만, 오프라인의 가치는 여전히 남아 있습니다. 특히 오프라인에서 열리는 문화 이벤트는 현장감, 시공간의 공유, 오감을 통한 접촉 등 고객 경험 측면에서는 온라인보다 더 강력한 가치가 있다고 할 수 있습니다. 자사 제품이나 브랜드가 오프라인에서 고객을 만날 때 어떤 가치를 전달하고 싶은지 생각해 볼 필요가 있습니다.

유사시의 속도는 평상시의 준비에서 나온다

이번 코로나19로 많은 사람들이 배달이나 온라인 구매를 강제적으로 경험하게 되었습니다. 사람은 한 번 경험해 보고 편리하다, 좋다고 생각하는 것은 다음에도 쉽게 수용하고 습관화합니다. 새로운 행동이 보편적 습관이 되려면 5~10년 정도의 기간이 필요한데, 코로나19라는 환경의 변화가 단기간에 많은 사람들의 행동을 바꾸고 습관화했습니다. 그에 따라 마케팅의 가능성 또한 확대되었습니다.

예를 들어 코로나바이러스가 확산되기 시작한 2020년 3월에 LINE은 음식 배달앱 데마에칸(出前館)에 300억 엔을 출자했습니다. 배달앱의 성장을 목표로 하고 동시에 다양한 서비스를 갖춘 슈퍼앱으로 몸집을 불리기 위한 일환이라고 생각하는데, 무엇보다 그 의사 결정 속도는 매우 놀라웠습니다. 아직 데마에칸은 LINE의 기능과 본격적인 상승효과를 누리지는 못하고 있지만 앞으로 어떻게 성장할지 매우 기대됩니다.

스타벅스는 북미에서 최대 400여 개의 매장을 폐쇄하고 모바일로 주문하고 매장에서 가져가는 '사이렌 오더' 방식을 채용할 것을 발표했습니다. 왜 스타벅스는 신속한 디지털 전환이 가능하고 경쟁사는 가능하지 못했는지는 생각해 볼 가치가 있습니다.

여기에서 시사하는 점은 유사시에 경영 판단이 빠르다는 사실보다 평상시에 시나리오 플래닝이나 위기관리 정책으로 준비가 되어 있다는 점입니다. 스타벅스는 글로벌 금융 위기가 터진 2008년부터 디지털 전환을 준비하고 있었는데 이번 팬데믹 사태를 성공적으로 극복하는 것으로 그 결실을 거둘 수 있었습니다.

선택과 집중이 아니라 포트폴리오가 중요하다

코로나19는 우리에게 여러 가지 사실을 알려주었는데, 그중 하나가 지금까지 없다고 생각했던 불요불급(不要不急)의 비즈니스가 사실은 존재한다는 것입니다. 위기 때에는 모두 불요불급의 제품은 구입하지도 사용하지도 않습니다. 그래서 정말 필요하거나 정말 급한 것이 아니라면 구입을 뒤로 미루게 됩니다. 이런 소비자 행동의 영향을 그대로 매출 감소로 받은 기업들이 적지 않게 있습니다. 만약 자사 제품이 불요불급의 것이라면 유사시에는 대책이 없습니다. 긴급히 필요로 하는 제품으로 포트폴리오를 구성해 두지 않으면 안 됩니다.

엔터테인먼트 업계는 많은 사람을 동원하는 콘서트 등을 열 수 없게 되면서 큰 타격을 입었습니다. 하지만 그런 중에도 착실하게 매출을 내고 있는 회사가 몇 개 있습니다. 이를테면 '신일본 프로레슬링'은 수년 전부터 경기를 온라인 송출하고 있고 게다가 고객의 절반은 해외에 있습니다. 오프라인 흥행이 불가해도 일정 정도의 매출이 성립하는 비즈니스 모델을 만든 것입니다.

오프라인 매장만 가지고 있던 대부분의 외식 업체는 매출이 전년 대비 90%나 떨어졌습니다. 그런데 맥도날드의 매출은 큰 폭으로 상승했습니다. 맥도날드는 이전부터 테이크아웃이나 드라이브스루 등의 시스템을 강화했기 때문입니다.

편의점에서는 패밀리마트가 경쟁사에 비해 매출이 크게 하락했습니다. 패밀리마트는 재택근무와 외출 자제로 이동 인구가 적어진 도심에 집중적으로 매장을 두고 있기 때문입니다.

이들 사례에서 알 수 있는 것은 제공하는 제품, 제공 방법, 오프라인과 온라인 유통, 나아가 도심과 외곽, 국내와 해외 등 지리적인 면에서 몇 가지 포트폴리오를 가지고 있을 필요가 있다는 것입니다. 특히 지금까지 온라인 판매를 하지 않고 있는 기업은 빨리 시작하는 것이 좋습니다. 왜냐하면 온라인에는 정답이 없기 때문에 많이 시험해 보고 열심히 경험을 쌓고 노하우를 찾을 수밖에 없기 때문입니다.

포트폴리오가 없다면 기민하게 움직인다

중소기업은 제품, 제공 방법, 지리적인 면 등에서 포트폴리오를 가질 수 없는 경우가 많습니다. 그럴 경우에는 변화에 대응할 수 있도록 기민하게 움직이는 것이 경쟁력이 됩니다.

예를 들어 '가마쿠라 셔츠'라는 애칭으로 잘 알려져 있는 패션 기업 '메이커스 셔츠 가마쿠라'는 많은 기업이 재택근무를 실시하게 되자 주력 제품인 와이셔츠가 팔리지 않게 되었습니다. 그러자 2020년 4월에 셔츠 소재로 만든 마스크를 출시하여 전년 매출의 90%에 이르는 성과를 거두었습니다. 중소기업으로서는 매우 빠른 대처였다고 할 수 있습니다. 가마쿠라 셔츠는 자재가 전부 국산이므로 해외에서 원자재를 조달할 필요가 없었던 것도 기민하게 움직일 수 있었던 요인 중 하나였습니다.

또 한 예로서 중소기업은 아니지만 신속한 대응이라는 측면에서 눈길을 끈 오오츠카제약의 '포카리 NEO 합창' 광고가 있습니다. 이 광고는 97명의 중고생이 자유롭게 사람들과 만날 수 없는 심경을 노래한 것인데, 각자가 집에서 셀프 촬영한 영상이 분할된 화면에 하나씩 나타나고 마지막에는 모두가 함께 합창하는 장면으로 끝나는 광고입니다. 이 광고는 노출되자마자 엄청난 입소문을 타고 전국으로 확산되었습니다.

일반적으로 TV 광고를 제작하는 데에는 적지 않은 시간이 걸리는데 이 광고가 2020년 4월에 집행되었다는 것은 코로나바이러스가 확산되자마자 준비했다는 의미입니다. 물론 애초의 계획된 내용에서 변경했으리라 추측되지만 그렇다 해도 재택근무나 온라인 수업 등 새로운 라이프스타일의 변화를 다룬 내용은 물론이고 그 대응 속도도 적잖이 놀라웠습니다.

코로나19 같은 앞을 예측하기 어려운 환경에서는 팔리지 않는다고 생각하면 즉시 다른 쪽으로 발상 전환을 해야 합니다. 상황을 읽을 수 없다고 상황만 지켜보면 나중에는 돌이킬 수 없게 될 수도 있습니다.

사례 **코로나19를 기회로 바꾼 기업들**

지금까지 경험해 보지 못한 상황에 직면했을 때 어떤 타개책이 있을까요? 우리는 일본 기업이 종합적으로 봤을 때 행동이 늦다고 생각합니다. 상황을 끝까지 지켜보고 마지막의 마지막까지 어떻게 할지 결정하지 못하는 상태가 되어서야 움직이기 시작하기 때문에 사업 철수나 구조 조정 등 힘겨운 대응책을 내놓는 것입니다.

그러나 앞서 말한 셔츠 회사와 같이 기민하게 대응하여 빠르게 방향 전환을 할 수 있었던 기업도 있습니다. 이 시기에 우리가 주목한 기업들을 소개하겠습니다.

• 오이식스

식재료 택배 서비스 오이식스(Oisix)도 이 시기에 매출이 증가한 기업 중 하나입니다.

오이식스는 그룹 내에 비슷한 서비스를 전개하고 있는 브랜드가 있지만 오이식스만 눈에 띄게 성장하고 있습니다. 왜냐하면 오이식스는 TOM(Top of Mind)을 획득하고 있는, 즉 온라인으로 식재료를 구입하려고 할 때 가장 먼저 떠오르는 브랜드이기 때문입니다.

게다가 만족도가 높은 고객들이 열심히 추천해 주는 것도 오이식스의 강점 중 하나입니다. 즉 누군가가 채소를 인터넷으로 구입하려고 할 때 어디가 좋은지를 물으면 오이식스라는 답이 나오는 것입니다.

오이식스는 코로나19의 수혜를 입은 기업이기는 하나 코로나19 때문에 전체 매출이 늘어난 것은 아닙니다. 이전부터 높은 상기도를 유지하기 위해 노력했고 사용자의 만족도도 높았기 때문에 성장할 수 있었습니다. 그 결과가 또다시 상기도를 높이고 평판을 상승시키는 선순환으로 이어지고 있는 것입니다.

• 미국의 혼다 딜러 매장

미국에서 비상사태 선언이 나오고 외출 금지가 되었을 때 매장을 폐쇄하는 자동차 딜러 매장이 속출했습니다. 혼다 딜러 매장도 그 같은 위기에 처해 있었습니다. 돌파구를 찾기 위해 혼다 딜러 매장은 자동차 외에 취급하는 품목 중에 기회의 가능성이 보이는 품목이 있는지 꼼꼼히 들여다봤습니다. 그중 매출이 눈에 띄는 게 있었습니다. 바로 잔디깎이 기계였습니다. 모두 집에서 지내고 있으므로 한가할 때는 정원에서 잔디를 깎는 시간이 많아진 것입니다. 혼다 딜러 매장은 즉시 잔디깎이 기계의 프로모션을 실시했고 그 결과 손실을 조금이나마 회복하는 데 성공할 수 있었습니다.

주력 제품에 고집하지 않고, 일시적이지만 사용자의 니즈가 바뀐 것을 잘 포착하여 대응한 사례라고 할 수 있습니다.

• 코타

과자나 빵 재료를 온라인 판매하는 코타(cotta)는 큐슈(九州) 지역에서 상장한 회사입니다. 전국적으로는 아직 이름이 알려져 있지 않지만 그 서비스의 편익 가치가 높아 충성 고객도 많이 존재합니다. 전체 매출 중 B2B 매출이 큰 코타는 코로나19가 시작되면서 매출이 크게 감소했습니다. 제과점이 매장을 열 수 없게 되자 주문이 감소하고 게다가 재고가 쌓이게 되면서 처분이 곤란한 상황이 되었습니다.

그런 중에 코타는 초등학교와 중학교가 휴교하면서 아이들이 집에서 보내는 시간이 늘어나자 부모도 아이도 곤란하다는 소리를 듣게 됩니다. 이에 재고를 남겨두기보다 과자 만들기 세트나 빵 만들기 세트를 제작하여 집에서 과자나 빵을 만들 수 있도록 하자는 아이디어가 나왔습니다.

이 아이디어는 엄청난 성과를 가져다주었습니다. 2020년 5월에는 신규 주문 수가 전년 대비 10배나 되었습니다. 갑작스러운 주문 쇄도에 서버가 다운되는 참사가 발생하고 그와 동시에 고객 불만도 쇄도했지만, 코타는 고객 불만 사항에 대한 매뉴얼을 갖추고 있었기 때문에 오히려 이를 계기로 충성 고객이 증가하게 되었습니다. 한 번 세트를 사용해 본 고객은 아이들이 다시 학교에 가게 되어도 집에서 과자를 만들고 가족이 함께 먹는 즐거움을 경험했기 때문에 그 대부분이 애용자로 남아 주었습니다.

2020년 4~6월 매출은 전년 동기 대비 60% 증가했고 주가도 약 5배가량 올랐습니다.

이 사례에서 주목해야 할 점은 아이들이 학교에 가지 않고 집에 계속 있으니 아이도 부모도 힘들다고 하는 고객의 소리, 즉 고객 니즈의 변화를 빨리 알아챘다는 점입니다. 그리고 고객 불만 사항에 대한 매뉴얼을 미리 준비해 두고 있어 신속한 응대가 가능했다는 점입니다. 코로나바이러스가 확산되고 문제가 드러난 후에 대응책을 고민하는 기업이 많았는데 코타는 니즈가 어떻게 바뀌고 어떤 대응을 해야 하는지를 재빨리 생각하고 준비했기 때문에 대응할 수 있었던 것입니다.

• 아소뷰

아소뷰(アソビュー)는 아웃도어&레저 티켓 예약 사이트를 운영하는 벤처 기업입니다. 코로나19 전에는 전년 대비 170%로 순조롭게 성장했지만 행글라이더, 다이빙, 승마 등을 즐기는 사업이므로 외출이 자유롭지 못한 상황이 되고나서는 매우 큰 타격을 입었습니다. 아소뷰는 2020년 4월, 5월의 매출이 전년 대비 마이너스 5% 성장했다고 발표했습니다.

아소뷰의 미션은 '모두에게 설렘을'입니다. '외출이 불가능한데 어떻게 설렘을 전달할 수 있을까'를 생각한 아소뷰는 사업이 크게 흔들리는 가운데 모든 것을 고객 중심으로 재검토하기로 했습니다.

도쿄에서는 4월 7일부터 5월 25일까지 긴급사태 선언에 의한 외출 자제가 계속되었는데, 일주일이 지나자 집에 있는 것이 힘들다는 불만이 나오기 시작했습니다. 이를 눈여겨본 아소뷰는 집에서 모두가 즐길 수 있는 '체험 키트'라는 서비스를 개시했습니다. 이는 꽃꽂이, 면 만들기, 도예 체험 등 오리지널 체험 키트와 사용법을 알려주는 동영상을 통해 집에서 즐기는 체험 교실 같은 서비스입니다.

검토부터 3개월도 지나지 않은 2020년 6월에 출시했는데, 고객 중심의 이 같은 발 빠른 대처를 통해 아소뷰는 급격하게 실적을 회복하여 전년 대비 마이너스 95%에서 2020년 8월에는 전년 대비 230%의 매출을 기록했습니다. 이는 코로나19 이전의 성장률을 크게 웃도는 숫자입니다.

고객의 니즈가 무엇인지, 고객이 무엇에 결핍을 느끼는지를 고객 입장에서 관찰한 결과 단기간에 새로운 서비스를 개발하고 제안하여 새로운 수요 창출에 성공한 것입니다.

주변 환경이 바뀌고 고객의 행동이 바뀔 때는 본질로 다시 돌아갑니다. 고객 니즈를 철저히 분석하고 자사에서 제공 가능한 것이 무엇인지를 생각합니다. 아소뷰는 고객을 중심으로 처음부터 다시 생각함으로써 기존 비즈니스의 도메인을 유연하게 바꾼 사례라고 할 수 있습니다.

다수의 시나리오를 사용한 위기관리

일본에서 긴급사태 선언이 발표된 것은 2020년 4월이었습니다. 이때만 해도 대부분의 기업들은 한두 달 뒤에 정상화될 것이라고 생각했습니다. 그래서 이렇다 할 대책 없이 1개월 정도 꾹 참고 전혀 움직이지 않았습니다.

그런데 인터넷 서비스 회사인 GMO는 중국 우한에서의 감염 확산 뉴스를 듣자마자 1월 말부터 회사 전체가 재택근무 체제에 들어갔습니다. 당시에는 지나치다, 호들갑스럽다, 그렇게까지 하지 않아도 된다 등의 비난의 소리를 듣기도 했지만 결국 그 판단은 적확했다는 것이 판명되었습니다. 그 뿐만 아니라 그 일을 계기로 GMO 사원은 회사에 대한 충성도가 매우 높아졌다고 합니다.

일본에 거점을 두고 있는 외국계 기업도 2월 말부터 재택근무로 전환하는 등 매우 빠른 움직임을 보였습니다.

이는 앞서도 말한 시나리오 플래닝이나 위기관리에 지속적으로 관심을 기울이고 있었기 때문에 가능했던 것입니다. 특히 글로벌 기업은 세계 각지에서 여러 번 유사한 위기를 경험했습니다. 예를 들어 1980~1990년대에 중남미에서는 쿠데타로 인해 공장 시설을 몰수당하거나 자산이 동결되기도 했습니다. 근래에도 사스나 메르스 등의 전염병이 유행하여 비즈니스를 철수하거나 매장을 폐쇄하기도 했습니다. 어느 국가에서는 정권 교체로 돌연 법이 바뀌어 영업 활동이 불가능해진 상황도 있었습니다. 그런 경험을 통해 배우고 그러한 일이 또다시 발생할 수 있을 것이라는 전제하에 경영 전략을 세우고, 그럴 경우 무엇을 우선해야 하는지, 구체적으로 어떤 대응을 할 것인지에 대해 꾸준히 대책 방안을 세워왔던 것입니다.

사실 세상에서 일어나는 환경 변화는 그렇게 종류가 많지 않습니다. 자연재해, 대화재, 전염병, 정치 위기, 법률 개혁, 군사 쿠데타, 지역 분쟁 등 각국에서 이전에 일어났던 상황을 보면 대략적인 예측이 가능하기 때문에 각각에 대해 실제로 발생했을 때 어떻게 할 것인지, 누가 의사 결정을 할 것인지 등을 미리 정해 두는 것이 좋습니다. 사전에 준비되어 있는지 아닌지에 따라 출발점이 바뀌고 그 차이가 이후의 결과에 영향을 미치기 때문입니다.

• **P&G와 로토제약의 위기 대응:** 일본 기업의 위기관리는 지진 대비책이 전부였고 지진 발생 시 어떻게 피난할 것인지, 연락망을 정비하고 사내에 식료품과 침낭을 준비해 두는 정도에 머물러 있었습니다. 그런데 외국계 기업의 위기 대응은 일본 기업과는 사뭇 다른 느낌입니다.

예를 들어 1995년에 발생한 한신 대지진 때 P&G의 대응은 무척 빨랐습니다. 다양한 국가에서 재난이나 전쟁에 휩쓸린 경험이 있기 때문에 지진 발생 당일에 바로 행동 지침을 내렸고 사원들의 안전을 확인하고 정보를 수집하여 이튿날에는 앞으로 무엇을 해야 하는지에 대한 계획을 발표했습니다.

그런 경험이 있었기 때문에 지난 동일본 대지진에서 원자력발전소 문제가 터졌을 때 P&G는 매우 신속하면서도 정확한 네트워크를 통해 정보를 입수하고 대처할 수 있었습니다. 그리고 로토제약 또한 만일의 경우에 대비해 도쿄에 있는 전 사원과 그 가족을 이동시키기 위해 배를 빌려두고 오사카 본사의 광대한 토지에 텐트를 치고 일시적인 피난처를 만드는 계획을 마련해 두었습니다. 다행히도 이를 실행하는 일은 없었지만, 이러한 준비를 하는 기업은 위기에서 완전히 벗어나지는 못해도 조직에 바람직하지 못한 결과를 최소화할 수 있습니다.

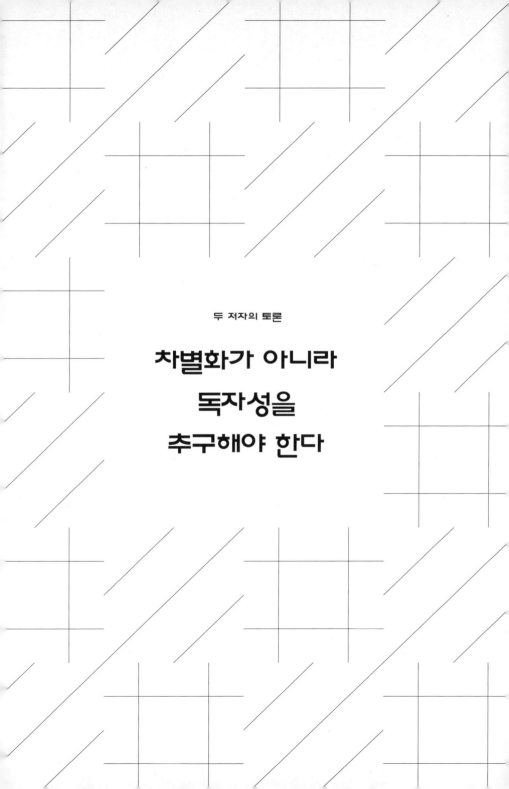

두 저자의 토론

차별화가 아니라
독자성을
추구해야 한다

카테고리 내에서 압도적으로 차별화가 가능하다면 살아남을 수 있을까?

아다치　다양한 기업을 컨설팅하다 보면 마케터를 포함한 많은 기업인들이 '차별화 신앙'에 묶여 있다고 느껴요. 차별화라고 하는 것은 '다름'을 의미하는 것일 뿐, 그것이 우위성을 나타내는 것은 아니잖아요. 적어도 우위에 설 만한 다름이 없다면 고객이 선택할 이유가 될 수 없겠죠.

니시구치　차별화에 대해 이런 생각을 해본 적이 있습니다. 차별화를 시도하는 것 자체가 무의미하다. 왜냐하면 차별화는 '우리 제품이 더 크다, 더 빠르다, 더 많다, 더 재미있다' 등 비교급으로 표현되는 세계입니다.

그런데 흥미롭게도 비교급으로 표현을 하면 고객은 당연히 자신이 사용하고 있는 제품을 상기하게 됩니다. 이때 상대 제품과 비교했을 때 자신이 사용하는 제품의 편익에 만족하고 있다는 생각이 들면 상대 제품으로 옮겨가지 않을뿐더러 자신의 제품에 대한 충성심이 더 강화된다는 사실입니다. 예를 들어 세제 브랜드 A가 "우리 제품은 빨래를 더욱 희게 한다"라고 주장하면 경쟁사인 B세제를 사용하는 고객은 A세제가 아니라 자신이 사용하고 있는 B세제를 상기합니다. B세제를 떠올리면서 그 편익을 스스로 어떻게 느끼고 있는지를 점검한 다음 A세제를 구입하든지 안 하든지 하는 거죠.

따라서 애초에 비교가 아니라 절대치로서의 편익, 단 하나뿐이라는 독자성을 염두에 두고 제품을 설계하거나 마케팅을 실행하는 것이 바람직하다고 생각합니다.

아다치 그것이 가장 이상적이죠. 하지만 그렇지 않은 상황도 있잖아요? 예를 들어 에어컨을 고를 때 대부분의 사람은 성능과 가격을 비교하잖아요. 그런 경우에는 경쟁사보다 어떤 성능이 더 좋은지, 에너지소비 효율이 몇 퍼센트 더 좋은지 등의 비교급으로 소구하는 것이 효과적이지 않을까요?

하지만 사실 저는 경쟁사를 별로 의식하지 않아요. 경쟁사를 보면 따라하고 싶어지거든요. 그래서 저는 다른 사람들에게도 경쟁사를 보지 말라고 권하고 있습니다. 경쟁사를 따라만 하면 자사만의 혁신을 열수 없기 때문이죠.

니시구치 그렇죠. 결국 지향해야 하는 것은 독자성이죠. 마케팅에서는 TOM 1위가 되는 것입니다. 사람들은 금메달리스트의 이름은 기억하지만 은메달리스트의 이름은 기억하지 못하잖아요. 기억 속에 남는 것은 단 하나이므로 독보적인 편익을 제공하여 유일한 존재, 구입 이유가 되지 않으면 안 됩니다.

아다치 다만 가격에 있어서는 경쟁사를 주시해야겠죠. 너무 가격 차이가 많이 나는 것도 안 좋잖아요. 그래도 What(무엇을 제공하는가)

에 관해서는 경쟁사와 비교당하지 않는 것이 좋습니다. 비교당하지 않는다면 독자성이 있다는 것이므로 가격도 비교적 자유롭게 정할 수 있지요.

해설 **차별화의 진정한 의미**

니시구치 '차별화'라는 용어는 필립 코틀러 교수가 저서에서 사용한 'differentiation'을 그대로 직역한 것인데, 본래의 의미는 분화(分化)입니다. 사전적으로는 '개체가 형성되어 특수화되는 과정'이라고 설명되어 있는데, 쉽게 말해 '나누는 것'이지 비교가 아닙니다. 그런데 차별화라고 번역하다 보니 왠지 비교급으로 생각하게 되고, 차별화를 고민하면 무언가와 비교부터 하게 되는 것 같아요. 애초에 경쟁사든 뭐든 봐서는 안 되겠어요. 아다치 씨가 말한 대로 따라하게 되고 비교하게 되니까요.

아다치 지금까지 differentiation을 차별화라는 의미로 알고 있었는데, 나눈다는 의미라니 재미있네요. 확실히 '나눈다'고 하면 비교가 아니라 '독자성'에 더 가까운 의미네요.

니시구치 차별화의 설명을 보면 "경쟁사와 대비해 자사의 위치를 확립하기 위해 의미 있는 차이를 내세우는 활동"이라고 되어 있습니다. 이 '경쟁사와 대비해'라는 부분을 오해해 비교급으로 인식하고 있다고 생각합니다. 이렇게 되면 독자성이나 편익 가치를 명확하게 한다는 본래의 의도와는 달라지죠.

아다치 그렇죠. 하지만 같은 서비스를 제공하는 은행이 여러 개 있다면 고객은 역시 비교하겠죠? 고객 입장에서는 비교 대상이 있는 것이 좋으니까요.

문제는 비교당하는 쪽이 고객을 신경 쓰기보다 경쟁 상대를 더 신경 쓴다는 것이죠. 예를 들어 두 개의 해장국집이 근처에서 나란히 영업한다고 가정해 봅시다. 이때 두 집에서 주장하는 "우리는 저쪽 집보다 ○○하다"라는 비교는 의미가 없습니다. 고객 입장에서는 해장국 자체가 맛있는지가 가장 중요하잖아요. 경쟁에서 출발하면 새로운 발상은 없고 고객 시점으로 바라볼 수도 없게 됩니다.

니시구치 두 집 중 한 곳이 '고기 듬뿍'이라고 써놓으면 그쪽으로 가게 되죠. 다른 집과 비교해서 고기가 정말 많은지는 모르지만, 그렇게 자신 있게 써 붙여 놓으면 그것이 그 집의 독자적인 편익이 됩니다.

세계에서 가장 높은 빌딩인데 한층 더 높은 새로운 빌딩이 나타난다면 높이로는 더 이상 1등이라 말할 수 없죠. 그러면 어떻게 해야 할까요? 높이가 안 되니 눈을 다른 곳으로 돌립니다. 이를테면 빌딩 외벽을 전부 녹색으로 칠을 해서 '그린 빌딩'이라고 인식하게 하는 것, 즉 축을 바꿔버리는 거죠.

그런데 만약 1위 제품이 있지만 시장에서 그 제품의 독자성이나 차별점이 별로 알려져 있지 않은 상태라면 2위가 1위 제품을 벤치마킹하여 동일한 특징을 먼저 인지시켜 경쟁에서 이기는 경우가 있습니다.

중고 거래 앱 메루카리(メルカリ)가 그 예죠. 야후 옥션이 시장에

먼저 있었는데 카테고리 자체가 별로 인지되지 못했기 때문에 최초로 메루카리를 이용한 고객 입장에서는 메루카리를 카테고리 리더로 인식하게 되지요.

아다치   최초로 시장에 진입한 기업이 압도적으로 유리하다는 것은 부정할 수 없죠. 하지만 말씀하신 대로 인지도나 사용자의 비율이 높지 않고 강력한 1등이 존재하는 것이 아니라면 기회는 있습니다. 선발 주자가 있다는 것이 이기지 못할 이유는 되지 못하니까요.

니시구치   그럼요. 두 번째가 되었든 세 번째가 되었든 역전의 가능성은 늘 있으니까요. 그럼에도 불구하고 고객은 보지 않고 경쟁자만 보고 전략을 세우는 경우가 너무 많아요.

앞서 본문에도 썼듯이 TAM이라고 부르는 전체 시장 규모를 우선 파악하고, 어디를 겨냥할지, 어떤 포지셔닝으로 설정할지를 검토하지 않으면 고객에게 편익이나 가치를 제공할 수 없고 애초에 투자 자체도 불가능할 테죠.

아다치   그렇군요. 앞으로 차별화를 모두가 '독자성'으로 해석한다면 그 단어에 매료되어 마케팅 방법도 달라질지도 모르겠군요. 기대해 볼 만합니다.

에필로그: 두 저자가 마케터들에게 전하는 메시지

아다치 　마케팅은 네버 엔딩 스토리와 같아서 '이것으로 됐다'라고 하는 순간 진부해지고 패배가 시작됩니다. 항상 현재의 전략을 점검하고 끊임없이 수정해 가야 합니다.

　최근 디지털화, 코로나19, 변화 등의 주제로 많은 이야기들이 오고갑니다. 하지만 본질은 변하지 않습니다. 사람이 무언가를 구입하는 이유나 구입을 원하는 욕망은 몇 천 년이고 변함없이 이어져 왔습니다. 그러니 본질에서 벗어나는 것에 현혹되지 말고 무엇이 바뀌지 않는지를 추구하는 것이 이기는 길이라고 생각합니다. 바뀌지 않는 것을 눈여겨보고 새로운 매체 등 바뀌는 부분에 대해 수용하고 이해하는 것이 중요합니다.

　저는 패션, 외식, IT 등 전혀 다른 업계를 경험해 왔는데, 항상 업계 간의 차이점보다 공통점을 찾으려 노력했습니다. 그리고 고객 입장에서 생각하는 것, 즉 소비자 관점을 가지는 것이 가장 중요합니다. 자신도 한 사람의 소비자라는 사실을 잊지 않았으면 합니다.

니시구치 　첫째는 무조건 고객 입장에서 생각하라는 것입니다. 그리고 자신과 고객을 마케팅을 하는 쪽과 마케팅을 당하는 쪽으로 구분하지 말라는 것입니다. 구분해서 생각하면 고객으로 하여금 어떻게(How) 구입하게 할지 그 방법부터 생각하기 시작합니다. 그것이 아니라 중요한 고객은 누구인가(Who), 그 고객에게 무엇이 진정 중요한 가치인가, 무엇을 제공하면 고객이 좋아할까(What)를 생각해야 합니다.

둘째는 고객에게 편익 가치를 제공할 때 지속적으로 이익을 창출할 수 있는 장치를 만들 수 있는지를 생각해야 합니다. 마케팅 예산을 사용한 마케팅 활동으로 인해 어떤 결과를 얻는 것이 아니라 그 제품이 제공하고 있는 편익 가치로 인해 내년에도, 내후년에도 이익을 창출할 수 있을까를 생각하면 마케터의 시야가 넓어지고 경영 시점을 배울 수 있습니다. 마케터의 시점이 넓어지면 고객이 좋고, 기업이 좋고, 사회가 좋은 '3자 윈윈(win-win)'이 성립합니다. 그러한 마케터가 되어주길 소망합니다.

지은이

아다치 히카루(足立光)

(주)패밀리마트 전무이사(executive director) 및 CMO(chef marketing officer).
P&G Japan(주), 슈바츠코프헨켈(주) 사장·회장, (주)월드 집행임원, 일본 맥도날드(주) 상급집행임원·마케팅본부장, (주)나이언틱 시니어디렉터 프로덕트 마케팅(APAC) 등을 거쳐 2020년 10월부터 (주)패밀리마트에 재직 중이다. 일본 맥도날드 재임 시절에서는 매출의 V자 회복을 이루는 데 큰 역할을 했다. (주)I-ne의 사외이사, M-Force(주)의 파트너, 스마트뉴스(주)와 생활협동조합 코프삿포로 등의 마케팅 어드바이저를 겸임하고 있다.
저서로는 『압도적인 성과를 창출하는 '극약'의 업무기술(圧倒的な成果を生み出す「劇薬」の仕事術)』(2018), 『'300억 엔 적자'였던 맥도날드를 롯본기의 바 점장이 V자 회복을 이뤄낸 비밀(「300億円赤字」だったマックを六本木バーの店長がV字回復させた秘密)』(2019), 『세계적 우량기업의 사례에서 배우는 '당신이 모르는' 마케팅 대원칙(世界的優良企業の実例に学ぶ「あなたの知らない」マーケティング大原則)』(2020, 공저)이 있고, 역서로는 『P&G 웨이(P&G ウェイ)』(2013, 공역), 『마케팅 게임(マーケティング・ゲーム)』(2002, 공역) 등이 있다.

니시구치 가즈키(西口一希)

(주)Strategy Partners 대표이사, M-Force(주) 공동창업자.
1990년 P&G Japan(주)에 입사해 브랜드 매니저, 마케팅 디렉터를 역임하면서 팸퍼스, 팬틴, 프링글스, 비달사순 등을 담당했다. 2006년 로토제약(주)에 입사해, 집행임원 및 마케팅본부장으로서 스킨케어 제품인 하다라보를 일본 제일의 스킨케어 제품으로 성장시키고, 남성용 보디케어 브랜드인 데오우를 개발해 발매 1년 만에 보디케어 시장의 No.1으로 육성했다. 그밖에 스킨케어, 의약품, 안약 등 60종 이상의 브랜드를 담당했다. 2015년 록시땅재팬(주) 대표이사로 취임해 2016년 록시땅그룹 사상 최고의 이익 달성에 공헌하여 아시아인 최초로 글로벌 집행위원으로 선출, 이후 록시땅 사외이사 전략고문으로 활약했다. 2017년에는 스마트뉴스(주)에 일본 및 미국의 마케팅 담당 집행임원으로서 참가해, 누계 다운로드 수 5000만 회, 월간 사용자 수 2000만 명, 기업평가금액이 10억 달러를 넘는 회사로 성장시키는 데 공헌했다. 2019년 9월 스마트뉴스를 퇴사하고, (주)Strategy Partners의 대표이사로서 사업전략·마케팅 전략의 컨설턴트 및 투자 활동에 종사하고 있다. 전략조사를 축으로 하는 M-Force(주)를 공동 창업했다. 저서로는 『N1 마케팅: 1 대 1 맞춤형 팬덤 마케팅의 시대가 왔다(たった一人の分析から事業は成長する 実践 顧客起点マーケティン)』(2019)이 있다.

옮긴이

(주)애드리치 마케팅전략연구소
시장과 소비자에 대한 철저한 분석과 다양한 사례 연구를 통해 기업이 당면한 과제에 대한 마
케팅 솔루션을 제공하고 있다. 특히 미국, 일본 시장의 전문가를 중심으로 실전 경험이 풍부한
우수한 플래너들이 국내뿐만 아니라 글로벌 마케팅 전략과 방법론을 제시한다. 급변하는 시
장 환경에 맞춰 유연성을 가진 마케팅 실행 시스템을 개발하고 있으며, 소비자와 사회 트렌드
를 지속적으로 주시하면서 성향 분석과 잠재 니즈 개발에 힘쓰고 있다.
웹사이트: http://adrich.co.kr/

위드 코로나 시대 마케팅 포인트 40

"주목해야 할 것은 시대의 변화가 아니라 고객의 변화다"

지은이 **아다치 히카루·니시구치 가즈키** ㅣ 옮긴이 **(주)애드리치 마케팅전략연구소**
펴낸이 **김종수** ㅣ 펴낸곳 **한울엠플러스(주)**

초판 1쇄 인쇄 **2021년 10월 22일** ㅣ 초판 1쇄 발행 **2021년 10월 29일**

주소 **10881 경기도 파주시 광인사길 153 한울시소빌딩 3층**
전화 **031-955-0655** ㅣ 팩스 **031-955-0656** ㅣ 홈페이지 **www.hanulmplus.kr**
등록번호 **제406-2015-000143호**

Printed in Korea.
ISBN **978-89-460-8122-2 03320**(양장)
    978-89-460-8123-9 03320(무선)

* 가격은 겉표지에 있습니다.

피터 드러커가 가르쳐주는
사람 중심의 경영 7원칙

가치를 실현하고 조직을 발전시켜라!
피터 드러커를 통해 배우는 사람 중심 경영 일곱 가지

일본의 경영 컨설턴트 무라세 코스케가 쓰고 국내의 마케팅 회사인 (주)애드리치 마케팅전략연구소가 옮긴 이 책은 건강한 조직과 성장해 가는 기업을 위해 필요한 '사람 중심의 경영'에 대해 다룬다.

『피터 드러커가 가르쳐주는 사람 중심의 경영 7원칙』은 피터 드러커의 경영 철학과 저자의 경험을 토대로 어떻게 해야 "조직 구성원으로 하여금 눈에 보이는 성과와 마음의 성과를 거두고 기업의 성정과 발전에 기여할 수 있게 하는지"를 일곱 가지 원칙을 통해 알려준다. 경영의 참된 의미를 이해하고 리더로서의 가치가 무엇인지 인식할 수 있게 해주는 이 책은 또한 사람 중심의 경영이 어떻게 경영자의 리더십을 강화해 주고 조직 구성원과 하나가 될 수 있도록 만들어 주는지 알려주는 유용한 자료가 될 것이다.

지은이
무라세 코스케

옮긴이
(주)애드리치
마케팅전략연구소

2020년 10월 30일 발행
국판
200면

소비자의 행동을 디자인하는 마케팅
이렇게 하면 소비자가 움직인다

행동디자인으로 미래를 발명하다!
인간의 행동 메커니즘과 각종 사례 분석에서 추출한'소비
자를 움직이게 하는' 6단계 18가지 마케팅 기술!

일반적으로 제품 마케팅은 모든 것을 제품의 문제로 여기
고 제품에서 답을 찾으려고 한다. 그러나 오늘날 많은 문제
는 제품 외부에 있다. 품질에 심혈을 기울여 최선을 다해
만든 제품을 소비자는 '차이를 잘 모르겠다', '아직은 구매
할 때가 아니다' 등 '제품 외부'의 이유로 구매하지 않은 것
이다. 소비자는 좀처럼 마음대로 행동해 주지 않는다.
이 책은 마케팅의 출발을 제품이 아닌 제품 밖에서, 즉 소
비자의 '행동'에서 출발하라고 역설한다. 제품에서 생각하
면 나오지 않는 답이 행동에서 생각하면 보인다. 사람과 제
품은 행동을 매개로 연결되어 있다. 이 책은 6단계의 행동
디자인 설계법과 18가지의 마케팅 기술을 제시하면서 발
상 전환을 통한 미래지향적 마케팅을 제시하고 있다.

지은이
하쿠호도 행동디자인연구소·
구니타 게이사쿠

옮긴이
(주)애드리치
마케팅전략연구소

2019년 10월 30일 발행
변형신국판
246면

심리학을 만든 사람들
탄생부터 발전까지 '인물'로 다시 쓴 심리학사

1인 가구의 증가, 그 현상의 이면을 들여다보라
인구구조 변화에 따른 세대별 특징과 소비 주체의 흐름을 읽어내다

2018년 8월 27일 자 연합뉴스 보도에 따르면 국내 가구 수가 2천만을 넘었고, 그중 1인 가구(28.6%) 및 2인 가구(26.7%)의 비율이 50%가 넘었다. 1인 가구 중에는 70세 이상 고령자 가구가 제일 많고 그 뒤로 30대, 20대, 50대, 40대, 60대 순이라고 한다. 그러나 조만간 2위 이하의 순위는 역순으로 뒤바뀔 것이다. 출생률이 낮아지고 노년층 인구가 증가하고 있는 현상은 이미 현재진행형이다. 여기에 더해 생애 미혼율(50세까지 한 번도 결혼한 적이 없는 사람의 비율)이 지속적으로 상승하고 있다. 더욱이 이혼, 사별의 증가하고 있기 때문에 중장년 1인 가구가 젊은 싱글보다 많아지는 것은 이제 시간문제이다. 바야흐로 싱글족 전성시대인 것이다.

지은이
미우라 아츠시

옮긴이
(주)애드리치
마케팅전략연구소

2018년 10월 30일 발행
국판
176면

광고의 변화
8가지 성공 사례로 배우는 효과적인 광고 만들기

오래된 상식은 광고를 속박한다.
새로운 상식은 광고를 자유롭게 한다.

이 책의 저자는 최근 10여 년에 걸쳐 실무자이자 연구자의 입장에서 광고커뮤니케이션의 변화를 몸소 체험해온 인물로, 업계 2, 3위의 광고회사에서 카피라이터와 크리에이티브 디렉터로 오랫동안 일해왔고 현장을 매우 잘 알고 있다. 국제광고상 심사위원을 여러 번 맡은 덕분에 세계 최첨단 광고 사례를 많이 접했고, 이에 대해 독자적 분석을 가미하여 일본광고학회를 중심으로 논문 발표를 해왔다.

이처럼 광고업계에서 잔뼈가 굵은 저자는 독자들이 알기 쉽도록 광고계의 변화를 전달하는 책을 썼다. 최근 10년간 광고계에서 일어난 주요 변화를 망라했으며, 새로운 상식으로 국제광고제에서 크게 주목받은 사례도 여럿 소개했다. 또한 가공의 광고 회의 모습을 묘사하고, 회의 때 맞닥뜨릴 수 있는 문제를 구체적으로 해결해나가는 과정을 제시했다.

지은이
미우라 아츠시

옮긴이
(주)애드리치
마케팅전략연구소

2017년 10월 30일 발행
신국판
192면